U0528467

THE LIFE OF DAD

爸爸50万岁

男性育儿如何演化至今

THE MAKING
OF THE
MODERN FATHER

Anna Machin

[英]安娜·梅钦 著　张祎 译

贵州出版集团
贵州人民出版社

献给朱利安

目　录

序　3
作者声明　9

第一部分　最初的父亲

第1章　父亲1.0
——人类父职行为的演化　13

第二部分　受孕与妊娠

第2章　关于新生儿的想象
——受孕、身份和隆起的小腹　29

第3章　父亲的重要性
——不仅仅在于血缘　55

第三部分　诞　生

第4章　父亲角色的诞生
——父亲与分娩、健康和幸福的关系　75

第5章　各种各样的父亲
　　——父亲的灵活性和子女的生存　　103

第6章　父亲的构成
　　——基因、心理学与激素　　125

第四部分　最初几周

第7章　宝贝，我爱你！
　　——玩闹、欢笑和情感纽带的形成　　149

第8章　从二人世界到三口之家
　　——父母的角色和关系　　171

第五部分　欢乐的时光开始了

第9章　父亲这所学校
　　——父亲会教给孩子什么　　195

第10章　幼儿期及以后
　　——父亲对儿童成长发育的作用　　213

第11章　父亲24345.0
　　——未来的父亲如何育儿　　239

后　记　　253
致　谢　　257
参考资源　　259

序

经常有人问我,为什么一名女性会想要研究父亲,还要写关于父亲的文章。简言之,这是因为我的丈夫就是一名父亲。10年前,我生下第一个孩子,3年后又生下了第二个。这样的经历让我发现,生孩子并不是我的强项。我的第一胎生得尤为漫长而艰辛,让我和孩子都奄奄一息。这次分娩之后,为了应对可能出现的创伤,我接受了咨询和帮助,但全程目睹我如何在昏迷中被注入大量吗啡的丈夫,却被彻底忽略了。

为避免引起误解,我必须在这里说清楚:我的丈夫本来也没有指望得到任何帮助,他认为我和孩子才更应该得到关心。但在一年过后我重返职场时,我丈夫每每谈及女儿的出生,还是会受到强烈情绪的困扰。这让我开始感到愤怒。我愤怒的原因是,我的丈夫,我孩子的父亲,他所受到的创伤无异于目睹挚爱遭遇严重车祸,却从来没有人问过他感觉怎么样,需不需要帮助。因此,作为一名学者,我发挥所长,着手研究文献,以了解其他科学家对为人父者及其经历都有哪些发现。

相关资料少之又少。的确有大量文献研究了软弱无能或是缺席的父亲对孩子的影响,但是,关于那些尽职尽责的父亲,那些给孩子换尿布、教孩子踢足球、擅长给女儿编法式发辫还能讲故事"赶走床边怪物"的父亲，文献却是一片空白。毫无疑问，有极少数的父亲是失职的，部分母亲也是如此。他们给孩子成长造成的不良影响是真实存在的，而且非常严重。但是，有非常多的父亲守在孩子身边，尽心尽力地照顾孩子，他们也应该得到认可和理解。所以，我决定自己担负起这个使命：研究那些陪伴孩子成长的父亲的体验，并从积极而非消极的角度来讲述他们的故事。

自从10年前初次拥有为人母的重要体验以来，我就一直致力于就新手父亲的经历进行第一手研究。我的研究对象来自各行各业和不同种族，背景各异，有异性恋和同性恋者，有专业人士和体力劳动者，有中途辍学者和教育程度在本科以上的。他们允许我在他们初为人父——这个最个人也最私密的时刻走进他们的生活。我会在孩子出生前几周拜访他们：当时的他们面对未知的未来兴奋不已，或许还有些焦虑。我还会在孩子出生后的那段宝贵时光再次拜访他们：当初生的小不点儿进入并彻底打乱他们的生活，他们满怀的兴奋已被一种令他们不知所措的敬畏所取代。我花费数月时间分析他们的激素水平，观察他们的行为，评估他们的身心健康状况并研究他们的大脑。我多次和他们边喝咖啡边谈，这种情况下，新生儿通常就在他们身边。在本书中，你读到的案例都来自他们的讲述，都是他们的想法、感受和体验。希望在读到这些男性的心声后，即将为人父的读者能够安心面对自己的情绪和体验，而这些讲述也能使我引用的研究成果更加贴近我们的生活。

这些父亲允许我和我的同事走进他们的生活和家庭，让我们发现了关于当今父亲身份的许多意料外的美妙。父亲的角色是独一无二的,且与母亲的角色有所不同,而这种差异对孩子的健康成长至关重要。如今,西方社会的许多父亲希望能和另一半共同担负起养育子女的职责,却受困于支持和信息的缺乏,以及社会对他们承担这一角色的不理解。父亲的角色是历史、文化和政治因素经过复杂组合构建的,但是,对于一名男性能够成为什么样的父亲,生物因素的影响远比我们想象的大。父亲的角色是极具灵活性的,能够随时为了家人的生存与幸福而调整。

因此,我写作这本书有 3 个目的。第一,是为了平衡关于父亲的文献记录,通过传递关于"坚守在孩子身边的父亲"的力量和价值的积极信息,来抵消关于"失职父亲"的大量消极信息。第二,是为了帮助那些即将为人父的男性。我希望我提供的信息和来自现实生活中的父亲们的讲述能使他们更安心、更自在地面对即将到来的一切。第三,也许是最重要的一点,是我认为天下的父亲以及普罗大众都有权知道也应该知道,成为父亲的男性在生理、心理和情感上都经历了什么。来自英国国家统计局(UK Office for National Statistics)的数据显示,英国在 2015 年有超过 600 万名父亲,这也是能够查到的最新数据。我们难道不应该去了解一下如此大的一个群体吗?

在本书第 1 章,我们将回到 50 万年前的世界,看看人类历史上的第一位父亲,探究他革命性的出现为何仍能影响当今父亲所扮演的角色及其重要性。在第 2 章中,我们将研究父子之间早在子女出生前就建立起的强大纽带,以及在怀孕期间父母双方开始分泌的产前激素。我们将思考，父亲的身份对即将成为父亲的人而言究竟意味着什么，这个新角色又将如何让一名男性做出必需的改变并获得这种令人期待的新身份。在第3章中，我们将去往其他国家，看看那里的父亲们是怎么做的，并认识到父亲的角色是多么多元化，又是多么不可思议。我们将研究在某些社会中社会学意义上的父亲比生物学意义上的父亲更加重要的现象，还将记录人类家庭的变迁，例如，即使在西方社会，随着收养法规逐渐放宽限制和辅助生育技术的发展，核心家庭也不再是家庭单位的必然状态。这段简略的全球纵览传达出的信息有时似乎与我们的经历相去甚远，但能使我们认识到，与父亲的身份联系更密切的是陪伴和行动，而不仅仅是基因。

在第4章中，我们将关注新手父亲对孩子诞生过程的体验和这些父亲的健康问题，后者包括日益频发、颇为令人担忧的心理健康问题。为了男性本身、其家庭乃至整个社会的福祉，父亲的心理健康急需我们关注。在第5章中，我们将着眼于父亲独有的两大主要职责——保护和教导。50万年来，这两大职责一直是父职的核心，到今天仍然如此。我们将看到，有多少父亲，就有多少种做父亲的方式。父亲的角色极具灵活性，但从本质上说，对所有父亲而言，最重要的职责都是对可能危害子女生存的威胁进行及时的处置。在第6章中，我们将在把文化、历史、政治和生态学因素纳入充分考虑的同时，关注个体的生物学和心理学因素对育儿方式的影响：男性的基因、激素水平和童年经历如何塑造了他们为人父的方式。我将研究父亲的基因如何影响其敏感性，父亲的人格能怎样使最顽劣的孩子也得到妥善的教导，以及父亲选择的教育方法如何反映出他从自己的父母处接受的教育。在第7章中，我们将研究父亲和子女之间最基本且延续终生的依恋，思考起初为建立这种关系而进行的互动如何让亲子间的玩闹行为发挥重大的意义。我们还会认识到，由于缺乏分娩过程中的神经化学体验，且婴儿的发育需要一些时间，父子之间这一纽带的形成较为缓慢。不过无须恐慌，纽带终会形成。

在第8章中，我们将拓宽视野，着眼于父亲的伴侣——母亲。通过观察父母双亲的大脑，我们会了解演化中出现了哪些改变，从而确保父母双方在避免不必要的职能重叠的同时满足孩子的成长需求。我们还会着眼于生育二胎（三胎、四胎……）对父母关系的影响，探索父母双方如何分配时间才能更有效率地维护甚至促进双方关系。在第9章和第10章中，我们将了解父亲对孩子成长做出的贡献。父亲在教导孩子、鼓励孩子独立、培养孩子社会自主性以及尽力防止孩子出现心理问题等方面有着不可替代的作用。最后，在第11章中，我们会思考在当前社会中父亲的处境，并以此作为本书的结尾。经过50万年的演化后，今天的父亲希望成为什么样的父亲？社会是否会竭尽所能地帮助他达成目标？"父亲团队"——包括身为人父并提倡父职参与的学者、社会活动家和政治家——如何推动我们的文化发生根本性的变化，让所有希望能够真正与伴侣分担亲职的父亲得偿所愿？

对新手父亲来说，本书并非一本"操作手册"，并不会告诉你如何换尿布、组装婴儿床或者缓解不易处理的婴儿疝气。但是，我希望本书能够就"父亲是什么"这一问题给出最为先进的回答，同时提供一些建议和小诀窍，使你初为人父的适应过程尽可能轻松和愉悦。对或许也要组建家庭的其他人来说，我希望本书是一本有趣的读物，能让你了解我们所有人的生命中都拥有或拥有过的这个人，无论你与他的关系如何，无论他在你的生命中驻足多久。对已有丰富经验的父亲来说，我希望本书能够还原你的一些经历，让你知道一些担忧是正常的，并为你的某些本能和行为提供解释。对母亲来说，我希望本书能为你带去一些有趣而有帮助的见解，让你更了解自己的伴侣。至于对科学研究部分更感兴趣的人，我希望神经科学、遗传学、心理学、内分泌学和健康领域的最新研究能够满足你的求知欲。由于这是个相对年轻的领域，我将介绍的大部分研究对象为异性恋核心家庭，但许多情况下的研究结果适用于所有类型的父亲。随着父亲角色多元性的提升，研究者们开始拓宽视野，也会将同性恋父亲和有多位父亲的家庭纳入考虑。在本书中，我会具体指明这样的研究。

最后，我希望读者能够了解父亲的角色是多么复杂和重要，成为父亲如何让一名男性脱胎换骨。但是，想要了解现代父亲的角色，我们首先要回到最初的时刻，回到50万年前的世界，去看一看最初的父亲是怎样的。

作者声明

在本书中，你将倾听现实中的父亲的讲述。在过去10年里，我有幸能够在他们成为父亲的过程中对他们进行研究。由于我的研究针对子女幼年时期，可以说是父亲变化最大、对孩子成长影响最深的阶段，因此受访时子女大多不满5岁。基于这项研究的本质，我与一些父亲认识的时间并不长，但其中一部分人允许我连续5年对他们和他们的家庭进行跟踪研究。因此，一些父亲多次接受了我的访问。在这种案例中，由于我会写明他们受访时子女的年龄，你能看到这些父亲在育儿过程中的不同阶段会有怎样的想法。为保护隐私，本书中出现的所有父亲、母亲和子女均采用化名。承蒙那些自愿参与研究的父亲的支持，我感激不尽。

第一部分

最初的父亲

第 1 章

父亲 1.0

人类父职行为的演化

很少有人知道，是父亲拯救了人类。

50 万年前，我们的祖先之一海德堡人（Homo heidelbergensis）面临着一个两难的抉择。在那之前 100 万年，他们离开了非洲，散居于欧洲和近东，甚至抵达了英格兰南部海岸，在位于如今西萨塞克斯郡（West Sussex）博克斯格罗夫（Boxgrove）一带的一个美丽的热带潟湖旁安了家。和当时的其他古人类一样，海德堡人用双腿直立行走，但不同的是，海德堡人的脑容量还在不断扩大。他们开始渐渐发展出语言，并且不断创新，打造出对称的精美石器和平衡性极佳的木制猎矛。然而，他们遇到了一个难题。毫无疑问，他们具备成为一个成功人种的潜力，但是，当初让他们走出非洲的直立行走习惯和随之变得狭窄的骨盆，加上足以容纳复杂大脑并使他们得以在新环境中繁衍生息的硕大头颅，却成为他们头顶不断嘀嗒作响的人口定时炸弹[1]。海德堡人的婴儿头部较大，为了能够通过母亲狭窄的产道，

---

1 指出生率下降引起的劳动力短缺问题。——编者注

只能更早出生，因此极其脆弱，急需照料。

这就引出了一个问题：当母亲忙着为满足无助的新生儿的饮食需求奔波时，谁来照顾其他精力充沛的幼儿呢？如何能一边把孩子抚养到可以自立的年纪，一边不断生育，从而壮大物种并完成更替？在最初 100 万年左右的时间里，外祖母、姨母和姐妹们填补了这块空白。但在 50 万年前，由于我们的朋友海德堡人的脑容量再次出现巨大提升，突然之间，仅靠女性的力量已经不足以应付这种情况了。那么，是谁参与进来了？是父亲。他利用新学会的生火技能烹制难以消化的植物，使蹒跚学步的幼儿能够吃上固体食物，也让他的伴侣能够集中精力照料新生儿。他捕猎高热量食物，满足一家人的能量所需。他承担起教师的职责，既教十几岁的子女学习制作工具、抵御野兽、捕猎等主要生存技能，也教他们复杂的社交技能，使他们能够与其他猎人合作。最终，我们的祖先免于灭绝。50 万年后，我们成为这个星球上最成功的动物之一。然而，我们是仅占哺乳动物 5% 的雄性参与育儿的物种之一，也是其中唯一的猿类。人类父亲的角色从此诞生。

演化人类学家格外热衷于探索是什么因素造就了人类这一物种。我们与其他动物，尤其是与其他猿类有什么不同？解剖学上的差异无须多说，你不太可能把一头大猩猩看成你那长着两条腿、身体基本无毛的男性同伴，除非你刚在酒吧度过一个美好的夜晚，周围还是一片漆黑。但是，如果我们着眼于行为上的差异，想确定黑猩猩是在哪个时间点变成人类的，这个问题就困难多了。我们曾经以为二者的差别在于制造工具的能力，毕竟，在东非 200 万年前的考古遗址中散落的石器无疑显示出人类在行为和智力方面的显著变化。但事实证明，野生黑猩猩能够非常熟练地用石器砸开坚果，还能捣烂落叶以榨取急需的水分。我们一度也认为，语言能力是人类独有的智慧的体现，但经过实验室训练的黑猩猩也能掌握这种能力，能够通过一系列手势表达需求和情绪，甚至还能造出简单的句子。平心而论，这些句子通常仅限于表达与食物相关的需求，但这说明它们至少可以进行一定程度的沟通。还有一种经常被我们忽视，但会决定人类生死存亡的行为——父职行为。

在哺乳动物中，雄性留在后代身边照料它们的例子十分罕见。而在禽类中，雄鸟每天勤勤恳恳地来回飞翔数千米为幼鸟提供食物的行为却很常见。超过 90% 的禽类的雄鸟和雌鸟都会投入时间和精力抚育幼鸟。哺乳动物的雄性则多呈现乱交模式，即一名雄性与多名雌性交配，且除交配外通常不会在雌性身边停留太久。与我们亲缘关系最近的猿类有两种独特的乱交方式。大猩猩采用的是一头公猩猩配多头母猩猩的后宫制。也就是说，雄性银背大猩猩会将所有母猩猩据为己有，而更年轻、地位更低的公猩猩只能趁其不备，偷偷在树后迅速完成一次交配。因为基本能确保后代是自己的骨肉，公猩猩对众多幼崽的确还算慈爱，但落实到具体育儿方面几乎是零投入。生活环境中食物资源丰富，幼猩猩成长较快，再加上生育间隔较长，这些因素使得雌性能够独力满足幼崽的全部需求，因此并不需要雄性的参与。黑猩猩的生活方式则更加自由。在一个大群体中，多头雄性会与多头雌性交配，而首领仍然可以占有数量最多也最优质的母猩猩。公猩猩并不知道众多幼崽中哪些是自己的，也就不会在它们身上花费宝贵的精力，而是宁愿把时间用来训练其他公猩猩，建立至关重要的同盟，参与复杂的黑猩猩政治，巩固自己在众多黑猩猩之中的地位。

相比之下，人猿则演化出了一种截然不同的为父模式：雄性会留下来帮助雌性照顾幼儿。不同种群的演化过程因文化而异，本书稍后会探讨这一点。但是归根结底，无论哪个种群中的雄性人猿都在幼儿的成长过程中起到了关键作用。正如前文所说，最初之所以需要雄性参与育儿，正是两大解剖学特征的独特结合——用双腿行走和脑容量大决定的。四足动物的腿类似桌子的四条腿，分别位于身体四端，彼此相距很远，而两足动物的腿靠得更近，骨盆比四足动物的更深、更窄，从而导致产道也变得更深、更窄。产道变窄本身并不算问题，但加上脑容量更大的大脑，就导致了容易难产的问题。

在发育方面，动物的幼崽在降生时存在以下两种状态：一种是发育已经非常完善，眼睛睁开，耳朵立起，体表覆盖毛发或皮毛，出生后很快就能自主活动；另一种则不具备自理能力，无法行动，眼睛紧闭，耳朵软塌。第一种被称为"早成性"（precocial），这也是英语中"早熟"（precocious）一词的来源。猿类的幼崽通常属于这一类。出生几天后的黑猩猩幼崽便可以不需要任何帮助、熟练地攀爬树木，这一幕让我至今都感到震惊。第二种被称为"晚成性"（altricial），猫和狗的幼崽便属于这种。这两种成长路径之所以存在，是因为对绝大多数物种来说，幼崽的大脑只会在两段时间中的一段发育：有的像黑猩猩一样，在子宫内发育完成；有的像猫和狗一样，在出生后才开始发育。之所以说"绝大多数物种"，是因为存在一个例外——我们人类。

和人类的体重相比，人类的大脑过于大了，事实上，几乎是同体重哺乳动物的6倍，而正是这一解剖学特征使人类取得了今天的成功。我们演化出了语言，展现了无与伦比的创新力，还能在一定程度上控制我们所处的环境，而正是这种能力使我们成为地球的主宰。但因为与我们的体形相比，我们的大脑大得不成比例，所以它需要更多时间来发育。这就是问题所在。骨盆狭窄导致产道狭窄，婴儿无法成功通过，所以大脑发育这个关键时期无法在子宫内部进行，否则产妇和婴儿都将面临极高的死亡风险。因此，为了确保物种存续，人类演化出了异常短暂的妊娠期，使得人类婴儿在未发育完全时就降生了。这就导致了两种后果：第一，人类婴儿出生时会表现出幼犬般无法自理、黑猩猩幼崽般双眼睁开和耳朵立起等复合特征；第二，人类是唯一在出生前和出生后大脑都会发育的物种。问题就此解决。

但这就万事大吉了吗？在出生后，人类婴儿的大脑须经过约一年的关键发育期才能最终发育完全，而这给母亲带来了很重的负担：她要养活一个需要照料、无法自主活动，还必须摄取大量能量的婴儿。母亲不仅要花费大量精力照顾后代，还得进行母乳喂养，理论上要经历比黑猩猩等在出生前就完成大脑发育的物种更长的哺乳期。但是，现实并非如此。虽然在某些社会中，母乳喂养期可能超过6个月，但在西方国家，婴儿完全有可能在 6 个月时就开始吃固体辅食。为什么人类的泌乳期如此之短？

这完全是为了人口扩大和物种存续。在人类演化过程中，妊娠期和哺乳期的缩短或许正是在 180 万年前随着匠人（Homo ergaster）的出现而开始的。纯母乳喂养可以防止母亲在此期间再次怀孕，因此通过演化保证了母亲把所有时间和精力都投入成长中的婴儿身上，以满足他们的需求。不过，大脑毕竟是人体耗能最多的器官，即使在发育完成后也是如此。如果我们的祖先为了满足婴儿出生后大脑发育的需求，始终全心全意地照料婴儿，那么人类出生的间隔就会太长，无法完成物种自身的更替，我们的祖先就会灭绝，或许主宰地球的就是另一个物种了。但通过减少母乳喂养时间，母亲提前停止喂养婴儿，就能尽快实现再次生育，从而维持甚至扩大人口规模。

既要兼顾新生儿的需求，又要满足幼儿无休无止的喂养、抚摸、安慰和玩耍的需求，很多父母都对这种令人身心俱疲的体验记忆犹新。我还记得我当时一边给小女儿哺乳，一边拼命给大女儿寻找《天线宝宝》DVD，一边给她备餐时的压力。长此以往，你会熟练掌握用单手做事的技能。但是，设想一下，如果没有现代生活赋予我们的种种便利，没有节省人力的设施、婴儿用品和计生手段，这一切要如何完成？史前的匠人女性就面临着这样的命运。从大约 11~13 岁开始进入性成熟期后，由于缺乏节育手段，她们不是处于孕期，便是在给新生儿哺乳，同时还要照顾无法自理的诸多幼儿。毕竟，她们可没有黑猩猩那样奢侈的长达 5 年的生育间隔期。

人类的特点在于高度合作。想一想，每天，为了达成某些目标，你与其他人会产生多少次互动。我们通力合作，找寻或生产对我们的生存至关重要的食物和水资源，为了生存和成功而学习和教授各种技能和知识，还要开展贸易、抚养孩子。最强有力的合作形式之一就是血亲或姻亲之间的合作，也就是所谓的"亲属选择"（kin selection）。亲属选择基于这样一个事实：帮助与我们有血缘关系的人有利于我们自身的生存。总体来说，尽管我们常常能获得亲属的帮助，但我们之所以会帮助他们，并不是因为我们希望在自己有需要时能获得回报，而是因为我们和他们有着相同的基因。任何出色的演化生物学家都清楚，这些基因的存续才是最重要的。这就是由英国演化生物学家理查德·道金斯（Richard Dawkins）于1976年在同名著作中首次提出并进行研究的"自私的基因"（selfish gene）概念。道金斯在书中提出，演化的遗传单位并非个体，而是基因。这样一来，帮助亲属照顾孩子的行为不仅确保了孩子的生存，还能进而确保自身基因的延续。亲缘关系越近，帮助亲属照顾孩子的行为对我们就越有利，这是不言而喻的，因为关系越近，相同的基因就越多。因此，一种普遍现象是，祖父母是除父母之外最有可能照顾婴幼儿的人选。

所以，匠人女性在有需要的时候也可能向亲属求助。她们的求助对象是不是自己的母亲仍有待确定，毕竟目前我们还不明确我们的祖先能否活到成为祖父母的年纪。尽管经历了数千年的演化，女性的更年期始终发生在50岁左右，但在化石记录中，处于该年龄段的骨骼少之又少（人类学家花费了大量时间争论这一点并乐在其中,可见我们真是一群怪人)。但是我们知道,帮忙照顾孩子的肯定是母亲的某位女性亲属。我们是怎么知道这一点的呢?因为演化遵循简约原则,也就是说,演化总是会选取最简单或成本最低的方式来达到目的。与同性合作耗费的精力肯定比和异性合作的更低。我想,我们对此都有同感。打个比方,与同性合作使用的是同一种"货币",无须兑换,合作也更容易延续。即使在亲属之间,合作也应该多少是互利互惠的:你帮我挠后背,我也会帮你挠一挠。因此,合作的延续非常重要,能够确保你不仅能为别人提供帮助,还能获取他人的帮助。合作延续的难度越低,耗费的脑力就越少,消耗的宝贵能量也就越少。在以往的演化过程中,在涉及孩子时,女性会用与彼此交换类似的行为,帮助对方照顾或保护孩子。男性则与女性不同,他们照顾孩子的目的是提升自己成为这名母亲下一个伴侣的可能性,而这种货币形式就与女性之间流通的货币形式截然不同。两种货币之间的汇率计算起来极为复杂,因此演化决定,我们不到必要时刻不会进行这种交换。因此,寻求其他女性的帮助成为母亲们的首选。

于是,匠人女性会在姐妹、堂(表)姐妹甚至年纪稍大的女儿等女性亲属的协助下养育子女。据我们掌握的资料看,这样的帮助在 100 万年的时间里满足了母亲们的需求,但在距今约 50 万年前,当人类的脑容量经历了第二次大幅提升后,女性亲属的帮助也无法填补抚育新生儿需要的精力空缺了。在这次飞跃后,古人类的脑容量已经接近现代人类的 1,300 立方厘米,这就意味着育婴期将变得更长,婴幼儿对高能量食物(一般为肉类）的需求变得更加迫切。在进入现代之前，人类获取肉类的方式一直比较随缘，要么捡取食肉动物吃剩的猎物，要么进行"能量采集"——从如今仍然存在的肉食动物处偷取新鲜猎物（听起来还是很惊心动魄的）。但是，显而易见，通过这种随机行为获得的肉类已经无法满足需求了，人类需要采取更加稳定、危险性更低的方式来获取巨大脑容量发育所需的重要能量。随着脑容量更大的海德堡人的出现，考古界也发现了能够证明这种情况的最早的猎矛。这两点是高度关联的。这些矛与其他古代猎矛不同，是长达 5 英尺[1]且制作精美的木制品，例如从德国舍宁根（Schöningen）距今 45 万年历史的遗址中出土的猎矛。海德堡人不仅是高超的狩猎者，还是技艺精湛的工匠。

有亲属关系的女性可能都要集中精力养育自己的子女，于是无法再像从前一样合力抚养孩子了。一方面，喂养快速发育的幼儿需要稳定的肉类来源；另一方面，由于婴儿脑容量巨大，母亲也需要足够的营养来满足妊娠期和哺乳期日益增长的能量需求。这些因素意味着，为了确保物种存续，需要其他人参与育儿活动——一个有时间、有精力也有能力猎取肉类并制作称手的捕猎和屠宰工具的人；一个不受劳身费神的生育过程影响却和孩子有血缘关系的人；一个能够搭建灶台并会用火（考古记载显示，当时发生过灶台爆炸）把狩猎来的生肉烹熟以便于孩子消化的人；一个在幼童长成少年时能向其传授工具制造技术和狩猎方法的人；而随着狩猎变得越来越复杂，一个还能教

---

[1] 约合 152.4 厘米。——译者注

授无论对狩猎活动还是孩子在更广阔社会里的成功都非常重要的沟通和协作技巧的人。正如本章简介所言，这个人就是父亲。

与我们的猿类亲戚相比，现代人类两性间的体形差异较小。人类男性体形约为女性的 1.1 倍，而雄性黑猩猩的体形是雌性的 1.75 倍，接近 2 倍。雄性黑猩猩的体形之所以如此巨大，是为了保护繁殖期的雌性远离其他雄性。相比之下，在过去的 50 万年里，我们大体上遵循着一夫一妻制，两性都可以自主选择伴侣，因此不存在男性借助身体优势来占有几乎无法自由挑选伴侣的女性的情况。体形相近对人类父职行为的演变是至关重要的。伦敦大学学院（University College London）的演化人类学家凯西·基（Cathy Key）博士利用两性体形差异推算出人类父职行为出现的时间，对此进行了精彩的分析。在多数雄性体形远超雌性的物种中，雄性的繁殖成本都比雌性高，因为雄性需要长成和维持庞大体形才能获得伴侣。然而，对人类来说，男性的繁殖成本则远低于女性，毕竟男性体形不比女性大太多，男性长成和维持体形的成本与女性怀孕和给婴儿哺乳的成本相比就低多了。有鉴于此，凯西·基经过计算得知，在一开始投入一些精力帮助女性照顾无论是不是自己亲生的孩子，对男性而言都是稳赚不赔的行为，毕竟帮忙照顾孩子有助于他获得这名女性的青睐，增加他成为她下一个孩子的父亲的机会。然而，由于演化偏向于进行亲属选择，也就是帮助那些和我们有血缘关系的人，演化进程很快衍生出第二个阶段：男性开始守护自己的女性伴侣。在这一阶段，男性会把所有时间投入对女性寸步不离的守护中，等到她能再次受孕时自己占尽交配优势。对女性而言，这反而是件麻烦事。对男性而言，这种行为方式的问题在于，这样一来，他就退出了求偶市场，还不得不放弃伴侣不固定但可能效率很高的交配策略，从而减少了一生中能够留下的后代的总数。因此，保证他已有的后代存活、确保自己基因的延续便显得尤为重要。于是，他开始花费大量精力照顾伴侣的孩子。从积极一面看，他能保证子女是自己亲生的，因为他几乎总守在伴侣身边。凯西·基计算出了史前时期雌性繁殖成本远高于雄性的时间段，那就是——你能猜到——50万年前，当脑容量巨大但两性体形相近的海德堡人出现的时候。

这段长达50万年的演化史仍然影响着今天的父亲，其主要原因有三。第一，最初的父亲身上出现了两个关键的父性特征：保护和教导。直到今天，这两个特征仍然定义了各种地域和文化中父亲的角色。在后面的章节，我会多次讲到父亲确保子女存活和教导他们知识，尤其是关于人类所处的复杂社会的知识的迫切需求。第二，演化史告诉我们，人类的父性不只是男性繁衍后代的欲望的副产品，而是自然选择的积极结果。演化极其讲求效率，因此，如果物种的行为或者身体构造在演化过程中出现了复杂的变化，那么原因一定是，这种变化是物种存续的必经且唯一的道路。可以说，人类父性正是这种变化的缩影。它是行为层面上天翻地覆的改变，对人类影响深远。演化过程中会有这种选择出现，一定是因为它对人类大有益处。第三，也许是最重要的一个原因，在于这段演化史告诉我们，父职行为是与生俱来的，而非我们印象中那样是后天习得的。的确，父亲要通过学习才能掌握育儿方法，例如为孩子更换尿布、洗澡、喂食等，但母亲同样需要学习这些。如果你见识过新手妈妈学习哺乳时的艰辛，就会明白，每个人都需要时间才能学会做父母。然而，人人都有做父母的本能，这是我在职业生涯初期学到的一课。

我最初跟随优秀的灵长类动物学家西蒙·比尔德（Simon Bearder）学习人类学。他的主要研究对象是非洲灌木丛里生活的体形小、夜行性的婴猴。在第一堂课上，他讲解了人类与猿和猴等近亲的相似之处，表示人类不过是一种脑容量巨大、求知欲旺盛，从而拥有了不断学习和创新动力的灵长类动物罢了。他解释说，从很多方面说，这是件好事，但我们总是希望自己做得更好，有时会因此否认自己的本能。在育儿方面就是如此，过度求好反而对我们造成了伤害。我在研究过程中就遇到了两位这样的父亲。他们发现，养育子女是一条疾速上升的学习曲线，一开始可能会错误百出，但是做父亲的强烈本能最终会引领他走上正确的道路。

诺亚：你可能会做错一些事，但是只要不把他们伤得很重，你只需要……

阿德里安：有一次，可能是她刚来 4 天的时候吧，我们用菲尔和泰德牌婴儿车推着她出去走了好长一段路，心里想着，看我们的孩子多漂亮啊……然后我们说："她怎么变得这么红？"一个半小时之后，我们才反应过来，开始琢磨，我们给她涂的防晒霜够厚吗？她的脸色粉嘟嘟的！还有一次，我们在公园里把她放在秋千上荡，因为掌握不好力度，我们几乎让她旋转了一整圈，差点以为会听到她肩膀脱臼的声音！后来我们就学乖了。

——朱迪（7岁）的父亲诺亚和阿德里安

　　重要的是，要倾听你的直觉，倾听自己内心灵长类动物的本能，它会告诉你该怎么抚养孩子。不同的父母有各自的特点，会通过不同的方式实现自己的育儿目标，但是你的生理结构、大脑、基因以及激素都经历了帮助你为人父母的演化过程。为人父母的本能和能力就在你的心里，你只需要顺从自己的直觉就好。做父亲就是这么一回事。

　　在后面的章节里，我们将着眼于当下的情形进行探讨。我们会研究生物演化过程如何投入大量资源，在神经、基因、生理与心理等各个层面将男性塑造为父亲，以及今天的父亲如何从与孩子的亲密相处中获得益处。这益处不仅是对父亲自身和孩子的，更是对整体社会的。演化史告诉我们：父亲绝不是母亲的附属品，不是偶尔充当临时保姆或帮忙拎包的角色。父亲是50万年演化进程的结果，到今天仍然是书写人类历史的重要力量。

第二部分

受孕与妊娠

第 2 章

关于新生儿的想象

受孕、身份和隆起的小腹

有一类经常被引用但并无科学根据的观念——母性与生俱来，女性天生渴望孩子，照顾孩子是刻在女性本能里的。作为两个年幼女儿的母亲，我可以向你保证，母性并非出自本能。我永远都不会忘记自己初为人母时学习育儿的过程有多么辛苦。在最开始的时候，仿佛连一边照顾新生儿一边刷牙或从洗碗机里拿出餐具都是不可能完成的任务。不过，和我的丈夫相比，我还是有些优势的。怀孕、生子和哺乳都是身体分泌的大量美妙激素导致的情绪和生理上的双重深刻体验，而正是这些激素使女性的身体做好了成为母亲的准备，缓解了生产的疼痛和创伤，促使我们快速和新生儿建立起深刻的联系，并让我们在睡眠不足的情况下不断响应新生儿对食物的需求，尽职尽责地照料他们。相比之下，父亲无法拥有这样的体验。至少从表面上看，9 个月的孕期对准爸爸没有造成太大影响。他们的压力不过来自多去几趟宜家，做些组装婴儿床的基本工作之类。似乎只有在孩子出生后，男性才开始逐渐真正变成父亲，和孩子建立起亲子关系。

男性成为父亲的时间节点应该在哪里呢？我们来列举一下可能性：或许是在他表示希望有个孩子的时候；或许是在精子着床的时候；或许是在女方怀孕期间，当他意识到自己会拥有一个新身份的时候；又或许是在新生儿呱呱坠地的那一刻。在本章中，我将研究父亲在母亲怀孕期间的经历，了解父亲的生理、心理和行为，以了解他是如何与未出生的孩子建立起情感纽带，如何与伴侣一起共建育儿团队，并开始接受"父亲"这个新身份的。多少年来，人们一直认为，一名男性要到把刚出生的孩子抱在怀里的那一刻起才成为父亲，才开始和孩子建立感情；在那之前，怀孕显然是发生在别人身上的事。但是，生理和行为方面的巨大变化既是父职行为出现的原因，也是其结果。演化机制需要保证早在孩子出生之前，父亲就牢牢地和家庭绑定。这种说法是否会令你感到非常惊讶？

催产素（oxytocin）是一种功能多样化的激素，由位于大脑底部的一个很小的腺体——垂体（pituitary gland）分泌，在人体内起着很多重要作用。这种激素参与了生殖过程中的所有重大阶段，不仅负责催产、催乳，还能提高精子的产量和活性。然而，催产素真正的影响力体现在大脑中，因为催产素就像一种催化剂，能够促进恋爱、亲子、至交好友等许多新关系的形成。它的作用有点儿像酒精，可以减少建立新伙伴关系时的拘束感，促使你主动走到房间另一头，去和你感兴趣的对象攀谈。每个人体内的催产素都有其基线水平，高低受基因和环境影响，存在个体差异，这意味着我们每个人克制羞怯感并投入一段新关系的能力各不相同。亲子关系也是如此。在后面的章节，我将讨论男性的人格如何影响其育儿行为以及与孩子建立情感纽带的难易程度。

此外，催产素与另一种重要神经化学物质多巴胺（dopamine）配合密切。多巴胺能够作用于大脑的"奖励中枢"，被视为一种用于奖励的化学物质。多巴胺的分泌可以使人拥有强烈的幸福感和欣快感。回想一下吃巧克力或者最喜欢的外卖食品时的快乐，你就明白多巴胺的作用了。多巴胺和催产素的配合非常奇妙，尤其是在新关系建立初期。首先，二者的共同作用使大脑更具灵活性，也就是脑神经结构更易于改变。这一点在形成新记忆和了解关于某个人的新信息时非常重要。其次，二者极具互补性。我倾向于将二者之间的关系描述成"尽职尽责的警察"和"过于热心的警察"。多巴胺就是那个过于热心的警察，会给你走出舒适圈去结识新朋友的活力和动力。但在关系建立初期，热情有时候可能会让你因为急于行动而忽略很多细节。于是，催产素就会开始发挥作用，抑制恐惧通路，刺激（使我们形成并维持关系的）亲密通路，减弱多巴胺分散注意力的极端影响。也就是说，它让你的头脑保持足够的冷静，使这段关系开花结果。

多年来，人们一直认为催产素是一种专属女性之爱的激素，主要因为催产素与分娩和哺乳行为有关。但近年来，人们清楚地认识到，催产素对男性建立关系有着同样重要的影响，更是人类育儿团队得以建立的核心因素。近期的研究表明，怀孕期间共同生活的父母双方血液中催产素水平大致相当。进行这项研究的团队由以色列巴伊兰大学（Bar-Ilan University）的发展心理学家露丝·费尔德曼（Ruth Feldman）带领。在关于父性的神经化学研究领域，费尔德曼及其团队堪称成果最为丰硕且最具影响力的学术团队。这个多元化团队在父性的神经生物学和神经学方面的研究，以及其他学者在心理学和行为科学领域做出的贡献，使我们开始认识到父亲这种身份是如何产生的。准父母的催产素基线水平表现出了惊人的同步现象，而且这种情况的普遍性表明其并不是巧合，但即使是费尔德曼和她的团队也无法给这一情况做出确切的解释。他们只能认识到，这种现象体现了伴侣共同育儿在本质上的重要性。他们在长期的行为观察后表示，如我们所知，一对亲密爱人的行为可能是非常相似的。他们会使用相同的表达和手势，还会对彼此的肢体语言进行镜像模仿。上述神经化学现象或许和这种情况有共通之处。他们经观察发现，两个人如果发展出了亲密融洽、互相支持的关系，这种关系就会体现在相似的语言和动作上。此外，两个人的心率、体温和血压等一系列数据（即生理指标）也会变得一致。该团队创造了一个新的术语"生物行为同步性"（bio-behavioural synchrony）来描述这一现象。他们认为，准父母催产素水平相近的原因可以通过对这种行为和心理同步性的进一步假设来解释，即这种同步性是受到类似的大脑活动和激素水平影响的，其中就包括那些对经营长期关系而言至关重要的激素。仿佛演化机制特意这样运行：通过保证父母双方获得同等神经化学奖励的方式，确保了他们在孩子出生前就已做好采取相同育儿策略的准备。与其他很多关于父性的研究相同，这一研究也仍处于初始阶段，但这一机制似乎能够解释准父母的催产素水平为何如此接近。这种同步性并不局限于神经生物学范畴，父母的心理状况也发生了根本的转变。

人格可被分为5个主要方面，在心理学界被称为"大五人格特质"。这一理论最初是在20世纪70年代提出的。当时的两支研究团队通过对数千人的人格进行分析，最终殊途同归，得出了相同的结论。大五人格特质理论认为，每个人的人格，不受文化和年龄的影响，都可被归结为5个核心因素：外向性（extraversion）、开放性（openness）、宜人性（agreeableness）、神经质（neuroticism）和责任心（conscientiousness）。外向性指寻求建立人际关系、寻找刺激和乐趣的意愿，也就是让你成为典型"派对动物"的因素；开放性指获得新体验的意愿；宜人性指与他人共情的水平；神经质指焦虑水平和对威胁的敏感度；责任心指组织、规划活动和遵守规则的能力。所有人的人格都或多或少地包含上述5个因素，而且在一生中这5个因素的比例是相对稳定的，尽管关于后一点仍然存在非常激烈的争论。不过，伴随着初为父母这一人生巨变的发生，生活和行为上的改变似乎对准父母的生活造成了某种程度上看是有益的干扰。孕期同住的准父母不仅催产素水平相近，人格上似乎也发生了一些变化，变得和彼此越来越相似。

我在研究后了解到，做父亲会让男性的人格发生变化：曾经有耐心的人会变得不耐烦，而曾经羞怯的人则因为做了父亲而找到了前所未有的自信。然而，比利时鲁汶大学（Université catholique de Louvain）的莎拉·加尔迪奥洛（Sarah Galdiolo）

和伊莎贝尔·罗斯卡姆（Isabelle Roskam）通过研究新手父母和有经验的父母发现，有确凿证据表明，父亲身上发生的这些变化同样发生在了母亲身上。他们对204对父母进行了长期观察，从孕期开始持续追踪一整年，直到孩子出生之后。结果发现，与没有子女的夫妻相比，这些父母人格中的开放性、宜人性和神经质都表现出了一致的倾向。以上这三点是能使他们关注他人的生活体验并做好准备去适应他人的特质，对家庭的健康运转而言至关重要。人格在一定程度上实现同步之后，父母双方便能够对彼此的体验产生共鸣，对抚育新生儿的体验持开放态度，同时对家庭面临的威胁保持警惕。以奈杰尔的经历为例：

> 有时候（我的朋友）会说："哎，我们周五晚上要出去喝酒什么的，你想来也可以来，但你可能来不了，因为你得带波比。"我自己倒觉得不是这么回事。我还是想和朋友聚一聚的。不是我不能去，只是我感觉自己长大了，有了孩子，得对孩子负责。也不是条件不允许我去，只是我不想留莉兹在家照顾波比，我自己跟朋友出去玩，去酒吧喝酒。喝酒又不是什么特别的活动，我随时可以去，但是现阶段我觉得我该待在家里，因为每一天波比身上都在发生新变化。
>
> ——波比（6个月）的父亲奈杰尔

加尔迪奥洛和罗斯卡姆发现，尽管父母双方在与家庭相关的人格方面是协调一致的,但在驱使他们于伴侣关系之外寻求刺激和奖励的方面——外向性上,双方却发生了不同的变化。对母亲来说,其人格中的外向性并没有随着做母亲而发生变化,但对父亲来说,这部分特质在人格中的比例大幅下降了。一旦踏上为人父的道路,父亲的人格就会发生变化,不再以追求外界体验为主,而会转向内部寻求熟悉感和舒适感,也就是家的感觉。前文中奈杰尔的话就是这一观点的完美例证。对一个准爸爸来说,这些体现生理和心理上的同步与不同步的迷人实例说明,演化机制希望你和伴侣共同承担育儿责任,但在伴侣妊娠期间,你也不会只是个饶有兴味的旁观者,而是会在生理和心理上都做好准备,尽心尽力地和伴侣共同养育子女。

> 我搭好婴儿床,收拾好儿童房,还组装了一些架子……都是我一手包办的。这样挺好的,是我为家庭付出的一种方式。她忙着孕育孩子,我帮不上忙,但我可以在这些方面干点儿体力活……
>
> ——准爸爸蒂姆

父亲是"筑巢"的那个。在研究中,我问像蒂姆这样的准爸爸,为了迎接孩子的降生,他们在伴侣妊娠期都做了哪些准备?我得到的回答中充满了粉刷儿童房、组装家具、为挑选婴儿车和汽车安全座椅做很多功课这样的例子。事实上,选购婴儿车这件事让准爸爸们很兴奋,尤其在有越野式三轮车可选的情况下。尽管我们会嘲笑准爸爸们忽然开始热衷做手工这件事,但对这些正想方设法参与妊娠期的准爸爸来说，这种贡献方式能让他们获得参与感。除此以外，准爸爸们还会谈到自己是如何和未出世的孩子培养感情的。他们经常讲述自己如何对着肚子里的孩子唱歌、说话甚至读书。孩子的反应，哪怕只是稍微动一动，都会让他们欣喜若狂。许多人还会想象孩子未来的长相，展望和孩子一起共度的时光。

依恋（attachment）是一个用来形容两个人之间极为亲密的情感纽带的心理学术语，是亲子关系的基础和核心。依恋理论的开创者是英国儿童精神病学家约翰·鲍尔比（John Bowlby），其研究工作始于20世纪50年代。鲍尔比推翻了此前认为亲子关系的基础是孩子对食物的需求或对父母的依附，而这些需求和依附在孩子长大后会自行消失的依恋理论，提出了亲子关系的基础是父母和孩子之间深切的情感联结，而这种联结对儿童的健康成长至关重要的新观点。因此，包括人类在内的许多哺乳动物的幼崽天生就有寻找依恋对象的需求。鲍尔比早期的大部分研究专注于母婴依恋，并将其视为孩子对母亲的单向依恋，而非母子之间的双向依恋。今天我们知道，双向依恋才是符合现实的情况：母亲也会对孩子产生依恋，父亲对孩子同理。最常见的依恋出现在亲子关系和恋人关系中，但这种纽带也能存在于非常亲密的朋友之间，在一些人看来甚至会存在于宠物和主人之间。我们很难定义什么是依恋，这是一种难以言明的现象，但是心理学家一眼便能认出。我们在观察一段依恋关系，无论是恋爱关系、亲子关系还是深厚的友情时，都会看到这样的表现：双方渴望靠近对方，持续关注彼此的情绪反应以评估周围环境，还会因为分离而情绪低落。你可以想象一只和母犬分离的幼犬，或是一个离开父母的幼儿是什么样子的。在第 7 章中，我们将研究孩子出生后父子之间关系的发展，到时会继续讨论依恋关系。但是在这里，我想讨论一个相对新颖的论点，就是亲子之间的情感纽带可以在孩子出生前开始缔结。

毋庸置疑，母亲会对未出世的孩子形成一种依恋，胎动的感受加上母子共同经历的强烈的生理和情绪变化极大地促进了这种依恋的形成。这种现象被称为"母职优势"（mothering privilege）。但是，这真的是一种只有母亲才拥有的优势吗？如今，强有力的证据表明，父亲也可以拥有这种优势，他们同样可以感受到与未出世的孩子之间强烈的情感联系，而超声波扫描的出现则大大促进了这种关系的形成。随着超声波扫描技术问世，父亲们第一次能够超越自己的想象，真真切切地看到孩子的模样，听到孩子的声音。回忆起第一次在超声屏幕上看到孩子的体验，蒂姆的描述足以说明这样的经历是多么激动人心。

> 我想，那次超声扫描让我第一次相信，我要做爸爸这件事是真的。我不是说我之前不信，但是扫描让我亲眼看到，一切都是真的。我看到屏幕上的影像，第一次对这件事有了实感。这体验真的太美好了，简直不可思议。我又惊又喜，几乎无法相信自己的眼睛。
>
> —— 准爸爸蒂姆

超声虽然早在 20 世纪 50 年代起就已经在苏格兰的格拉斯哥（Glasgow）开始被用于孕期检查，但直到 70 年代才在英国全境得到推广，到 70 年代末才被引进美国。因此，纵观历史，能够定期看到自己未出世的孩子的体验可算是当今准爸爸们的特权。总体来说，可以在孕期看见胎儿的样子是一项进步。就我研究中的父亲而言，尽管接受超声检查已经是不假思索的举动，而且他们中的很多会担心发现胎儿有问题，但当大多数准爸爸终于亲眼见到自己的孩子时，他们最主要的感受还是安心、骄傲和喜悦。在这个科技加速创新的时代，父母不仅可以听到孩子的声音，看到孩子的模样，还能通过四维彩超技术获得环绕声效的体验。四维彩超不仅能够呈现胎儿的三维影像，而且这种影像还是实时的——后者便是第四维。准父母们有数不清的机会提前讨论一下未出生的孩子究竟长得像爸爸还是妈妈。准爸爸对胎儿如何在子宫里动来动去缺乏亲身体验，而超声扫描则为他们提供了拥有与准妈妈类似体验的难得机会。用颗粒感明显的黑白静态图像记录胎儿的时代已经一去不复返了，取而代之的是自始至终伴有声音，还能刻录成 DVD 光盘带回家随意反复观看的动态影像。皮埃尔·里格蒂（Pier Righetti）及其同事在意大利两家医院的妇产科开展了一项研究，对比二维超声和四维彩超对准父母的影响。研究发现，与看过二维超声影像的准爸爸相比，看过四维彩超影像的准爸爸对胎儿的依恋感强烈得多，即使此项评估是在准妈妈接受四维彩超检查两周后进行的。可以推断，正因为能够看到孩子的立体影像，再加上能够随意反复观看，准爸爸才能在漫长的 9 个月孕期里培养并维持和孩子的感情。

父母与子女之间的依恋是人一生中最早形成也最强有力的依恋关系。这种关系无论是否健康，都将影响子女终生的健康水平和行为模式。因此，父亲与子女之间的依恋对子女、家庭乃至整个社会都有着非常长远的影响。近年来，我们逐渐开始将父子之间的依恋视为一种不同类型的情感联结，认为它能形成一种独特而重要的关系。本的经历表明，无论是对父亲还是对孩子来说，这种情感联结早在孩子出生之前就已经开始萌芽。

> 罗茜还在我妻子肚子里的时候，我就给她唱"一闪一闪亮晶晶"了。她出生的时候，医生刚把她放在妈妈肚子上，脐带都还没剪，我就开始对她唱"一闪一闪亮晶晶"，她马上就认出来了。那一刻我永远难以忘怀。
>
> ——罗茜（18个月）的父亲本

澳大利亚弗林德斯大学（Flinders University）的心理学家约翰·康登（John Condon）首先发现了在子女出生前后亲子依恋关系的几个关键因素，更重要的是，他还区分了母子与父子依恋关系的差异。对准爸爸来说，与未出生的孩子之间的关系完全是心理上的，因此有3个因素能够影响亲子间纽带的牢固程度。第一个因素是，你有多经常幻想孩子的模样，这种幻想又会引发内心怎样的情绪。你会在多大程度上把孩子想象成一个"小人儿"，对孩子的感情有多积极而非消极，这两点尤为关键。因此，准爸爸可以问问自己，你是否满心惦记着孩子长得到底像爸爸还是妈妈，盘算着该给孩子取个什么名字？想到这些时，你内心是否感到柔软，充满爱意和幸福？还是说，你很少想象孩子的样子，想起来也只会感到气恼、愤怒或者沮丧？

第二个因素是，你对自己选择父亲角色这件事有多适应，具体来说，是你会在多大程度上想象自己成为一名尽职的父亲（involved father）的场景。"尽职的父亲"一词最早出现于20世纪80年代，用来形容那些希望和伴侣共同养育孩子，并会和伴侣倾注同等心血去照顾孩子、促进孩子情感和生理发育的父亲，也就是大众传媒所称的"新式父亲"。此类父亲与过去只负责赚钱养家、对子女要求严格的父亲形象形成了鲜明的对比。在我的研究对象中，有一位男性便立志成为这种尽职的父亲。

> 我的职责是为孩子提供情感和物质上的支持。我认为这涉及方方面面。对父母而言，这些方面有紧密的关联。我不认为我该是这个家里唯一工作赚钱的人，也不觉得朱莉就该一个人承担照顾孩子的责任。在我看来，家庭的责任应该两个人平摊。我们的职责是给予孩子物质和情感支持、保护、爱和一切。我觉得，当爸爸是一件很美妙的事，要承担起责任……这份责任无所不包。
>
> ——芙蕾雅（6个月）的父亲科林

"你想成为哪一种父亲"这个问题会对你与未出生的孩子

之间的依恋关系的本质产生根本性的影响。澳大利亚心理学家谢琳·哈比布（Cherine Habib）和桑德拉·兰卡斯特（Sandra Lancaster）通过对依恋关系与身份认同的研究发现，与那些认为自己应该主要负责养家糊口的准爸爸相比，那些认为除了丈夫和劳动者的身份之外，"父亲"也是自己身份的重要组成部分，且高度认同伴侣分担育儿责任的观念的准爸爸，与未出生的孩子之间形成的依恋更强烈。许多男性主动、欣然地接受了父亲这一身份，马克就是其中之一。

> 我不想做每周工作60个小时、不能陪在孩子身边的爸爸。我小时候，我爸事业有成，是一家公司的董事。但在记忆中，我只有周末才能见到他……现在我为孩子做晚餐、洗澡、铺床……每天晚上都是如此。只要她需要，我就会一直做下去……我想陪着她，希望我能留在她的记忆里。
>
> ——艾米莉（6个月）的父亲马克

我们一生中会经历一些重大转折，如青春期、初恋、第一次丧亲等，但这些事是难以预知的，我们也无法提前为其做好准备。怀孕则是少数几种我们有时间为之做好准备的转折。9个月的孕期给了父母充分的时间在生活和情感上为新生儿的到来做好准备。在本章中，我们已经读到一些父亲的心声，可以清楚地看到，对许多父亲而言，思考自己想成为哪种父亲是这个准备过程中很重要的一环。这种对父亲身份的思考不仅对依恋关系来说至关重要，对父亲的自我认同以及与伴侣之间的关系也很重要，这些都是影响一名男性能否顺利转型为父亲的重要因素。父亲的想象力则是问题的关键。

> 有孩子之前，我梦想着我能在孩子不开心的时候待在儿童房里，坐在摇椅上安抚他们。因此，在我女儿到来之前，我把我妈的摇椅搬到了她的房间里。当梦中的画面终于成真的时候，我心想："这一天终于到了！我坐在了摇椅上！抱着我的孩子！"就像有些人对结婚的梦想是举办一场浪漫婚礼一样，这就是我对养孩子的梦想。
> ——朱迪（7岁）的父亲阿德里安

最后的一个能对准爸爸与未出生的孩子之间的纽带产生重大影响的因素是外在的：准父母之间的关系。与那些和伴侣关系较为疏远的男性相比，和伴侣关系牢固而健康、对这段关系双方满意度都很高、能够和伴侣互相支持的男性与未出生的孩子之间的依恋关系会更强烈。显而易见，一段稳定的关系中多了一个孩子，对任何一对伴侣来说都并非易事，但是，两个人越能携手合作，家庭的运转便越顺利。

对大多数准爸爸来说，随着孕期深入，他们对未出世的孩子的依恋感也与日俱增。然而，对部分男性来说，形成这种依恋关系并不容易。有些男性在自己的成长过程中可能缺乏父亲的榜样作用，例如下文中的吉姆；有些男性可能自身存在心理健康问题要解决；还有些准爸爸或许与准妈妈的关系并不和睦。

> 在儿子出生之前，我花了很多时间思考，我应该起到什么作用？扮演什么角色？我很小的时候父母就离婚了，因此这种事对我来说非常困难，因为我脑海中并没有一个真正的父亲的形象可以模仿……我父亲只有周末会过来看看我。他人很有趣，但跟我关系不亲。可我想成为一个关心儿子、陪伴儿子成长的父亲。我和我父亲不一样，他并没有得到这样的机会。
>
> ——肖恩（6个月）的父亲吉姆

在这种情况下，对孩子出生前准爸爸和胎儿的依恋关系进行评估，有助于发现未来亲子关系中存在的问题，而这可能对整个社会产生广泛影响。在第10章中你会读到，父亲和子女的关系可能会对后者的行为、情绪以及心理发展产生深远的影响，而这种影响在母亲对子女的影响之外独立存在。如果这种依恋关系很牢固，父亲便能帮助孩子保持心理健康，鼓励孩子独立自主，支持他们的行为和语言发育。但依恋关系如果不健康，就有可能对子女、家庭乃至整个社会产生消极影响。未发展出稳定亲子依恋关系的子女未来更容易出现反社会行为、成瘾行为和心理健康问题。约翰·康登在研究产前亲子依恋关系时发现，综合父母双方的关系质量来看，准爸爸与胎儿发展出的依恋关系是孩子出生后亲子关系的最有力的预测因素。这是个非常有意义的发现，因为它表明，我们如今拥有了早在孩子出生前便能预判哪些关系需要帮助的有效工具。

*　*　*

在孩子出生前，父亲和孩子之间的依恋关系大多是准爸爸想象和努力的结果。他们会想象自己的孩子是什么样的，想象未来的亲子关系如何，尽可能与胎儿互动，并花时间思考自己希望成为什么样的父亲。以蒂姆为例：

> 我希望我能在孩子出生前开始和他培养感情，不过挺难的，感觉在跟一个完全不知道你是谁、你在干什么的东西说话。但是我经常和孩子说话，也会经常抚摸我妻子的肚子，因为我希望有点儿参与感。几天前我们玩了一次特别有意思的击掌游戏。我拍了拍妻子的肚子，孩子好像也拍了拍我……它可能只是打了个嗝，但是这种感觉很棒。
> ——准爸爸蒂姆

我们知道，在父亲体内，代表怀孕和分娩并能促进亲密关系形成的神经化学物质催产素和多巴胺同样存在，但其水平远低于母亲，并需要父亲付出更多时间和努力（不考虑母亲分娩）去获得。然而，演化机制并没有完全抛弃父亲，让他们只能靠想象参与怀孕的过程，还有其他妙招可以帮助父亲进行这种身份转换。

很多人可能会说，睾酮（testosterone）是让男孩变成男人的激素。在孕期 6~12 周的时候，子宫内会分泌睾酮，使男性胎儿长出阴茎和睾丸，并影响其大脑发育。多数人认为，正是因为睾酮及其对大脑发育和行为的影响，男孩才会偏爱男孩的玩具，把所有棍棒都当成剑和枪来比画。在青春期，睾酮会调节肌肉和脂肪的分布以及骨骼的发育，使下颌、肩膀和胸部更宽阔，促进胸部、面部和生殖器附近的毛发生长。正是这种激素决定了你能否在生理上成为优秀的爱人和尽职的父亲。

人们早已发现，循环睾酮水平较高的男性在求偶时更具吸引力。可能的原因有二：一是更高的睾酮水平会让男性更有动力追求女性；二是女性也会更偏好下颌宽大、胸肌发达的男性——具备这些特征的男性更有能力保护家人和养家糊口。然而，当一名男性决定和一名女性组成家庭，安定下来，此前颇有助益的高睾酮水平突然之间就成了一种阻碍。虽然他努力、专心地扮演新角色，希望做个忠诚的伴侣和尽职的父亲，但这种激素却会驱使他继续寻找其他伴侣，而这对需要他照料的后代来说是不利的。这一现象被称为"挑战假说"（challenge hypothesis），它确实提出了一种挑战。挑战假说是由英国动物学家约翰·温菲尔德（John Wingfield）首先提出的，他试图解决男性面临的一个棘手问题：男性如何平衡在孩子出生前做一个优秀的爱人和在孩子出生后做一个尽职的父亲的需求？解决方法是：降低睾酮水平。

事实的确如此。不同文化中的父亲，无论是一夫多妻制下的塞内加尔农民父亲、以色列和加拿大的中产阶级父亲、投入大量心力的菲律宾父亲、不与妻子同住的牙买加父亲还是我的同胞英国父亲，无论是否和子女生活在一起，他们的睾酮水平都显著低于未育男性的水平。与睾酮水平较高的男性相比，睾酮水平较低的男性更容易主动安抚哭泣的孩子，更愿意和伴侣共同养育子女，对孩子的同理心更强，也会给他们更多关爱。睾酮是导致父职行为个体差异的主要因素，我们在第 6 章中将进一步讨论这一点。但问题是，究竟是那些自身循环睾酮水平较低的人都做了父亲，导致全世界父亲的睾酮水平都比未育男性的低，还是成为父亲这个转折抑制了睾酮的分泌？

位于美国伊利诺伊州的西北大学（Northwestern University）的学者李·格特勒（Lee Gettler）对这个问题做出了解答。在为期 5 年的开创性研究中，格特勒和同事对一群菲律宾男性从恋爱到生育子女的过程进行了跟踪研究。研究人员在他们还是单身时对他们的睾酮基线水平进行了测量。5 年后研究人员再次到访时，初期受试的 624 名男性中有 162 人在这期间已经育有第一个子女。这 162 名男性的睾酮水平在研究开始时是所有受试者中最高的，但在 5 年后已经成为最低的。在全部受试者中，始终单身的男性和有伴侣但尚未生育的男性的睾酮水平则没有发生明显变化。格特勒找到了答案：循环睾酮水平高的男性更容易找到伴侣，在生育子女后睾酮水平的降幅也最大。成为父亲这件事会抑制睾酮分泌。睾酮分泌虽然在孩子出生后几周会小幅回升，但再也不会恢复到生育子女之前的水平了。生物演化选择了这样一种机制，使男性能够兼顾单身男性和尽职的父亲这两个阶段互相冲突的需求。

* * *

嗯，我觉得我变了。我希望是这样。我处理事情比以往冷静多了，感觉人生也更有目标了。我还比以前快乐了。理论上，我们应该会觉得"天啊，我们都干了什么"，因为养3个孩子挺不容易的，但是我们真的很幸运。

——汤姆（7岁）、山姆（3岁）和詹姆斯（7个月）的父亲马特

我通常会从孕期开始对新手父亲进行研究。他们在孩子出生之初会遇到的一个问题是，有孩子这件事会对自己的生活造成什么影响？他们基本都会思考这个问题，但大部分人并不清楚即将发生的一切会给他们的生活带来什么样的惊涛骇浪。很多人知道，为人父母对他们的家庭和社交生活都会造成影响：他们的日常生活会发生改变，与伴侣之间的关系会出现变化，家庭的经济负担也会加重。

但对包括科林在内的部分男性来说，令他们担忧的是自己能否胜任父亲的角色——自己到底够不够格。

我想，让我感到困扰的是，我得做个榜样，因为我一直想做个成功者，希望身边的人，家人也好，朋友也好，都认为我很成功。我希望（我的女儿）也觉得我是成功的。因此，我不想成为别人眼中的失败者，也不希望她长大后成为一个失败者。我希望确保自己把她好好地养大，也希望大家看到这一点。

——芙蕾雅（6个月）的父亲科林

在早期的同类研究中，牛津布鲁克斯大学（Oxford Brookes University）的社会学家蒂娜·米勒（Tina Miller）对一群新手爸爸向父亲身份转变的过程进行了跟踪研究。一名研究对象表示，从没有人会告诉一个父亲他到底适不适合这个角色。"你被选中做一份工作，是因为你的技能或者性格满足要求……但你会轻轻松松地成为父亲，这件事容易到可怕……我会想，我能胜任吗？我应付得来吗？我并不知道。"但是我发现，这种想法总是转瞬即逝，并不会给他们造成持续性的焦虑，反而会给他们提供重新定义自己是谁并获得新的角色、身份和视角的好机会。在我的研究中，许多父亲发现，成为父亲会激励他们"自我提升"，成为他们进步的动力，促使他们成为孩子的好榜样，尽管他们对完美的渴望有时会导致他们达不到给自己设定的高标准。虽然这种自我施加的压力存在不利之处，但成为父亲对他们自尊心和自信心的提升效果能将其抵消。说实话，对我在工作中遇到的绝大多数父亲来说，成为父亲给了他们一种终于找到自己使命的感觉。

即使那些我们觉得难以应付身份转换的父亲——例如过于年轻或没有榜样可供模仿的父亲也会发现，成为父亲能使他们颠覆专制或缺席的父亲等刻板印象，免受自己的父亲曾做出不良示范或没能树立榜样的缺憾的影响，采用另一种不同的方法重塑自我，摆脱过去的桎梏。

近年来，研究某些特定社会和文化的社会学家和社会人类学家，不再受那些给所有年轻父亲贴上"不负责任"和"懒惰"标签的街头小报负面标题的局限，开始试着去了解他们的积极经历。我非常赞成这种做法。这些研究者发现，某些年轻的父亲正在彻底颠覆对孩子漠不关心或不闻不问的少年父亲的形象，甚至在为人父的过程中得到了救赎，实现了改变。过去，父亲们觉得自己应该尽量贴近社会推崇的硬汉形象，但是现在，他们正在利用为人父的机会选择一条不同的生活道路。例如，伦敦卫生与热带医学院（London School of Hygiene and Tropical Medicine）和南非夸祖鲁·纳塔尔大学（University of Kwa-Zulu Natal）的人口科学家发现，在南非社会中，黑人男子气概的特点曾经是控制欲强、压迫他人和不照顾孩子，但年轻的黑人父亲们如今则提倡一种新的为父之道：真正的男人不滥交、不吸毒也不铺张浪费，而是会赚钱养家，保护并照顾家人。在美国，马萨诸塞大学（University of Massachusetts）的产科专家珍妮·福斯特（Jenny Foster）发现，因为在乎孩子对自己的想法，波多黎各裔的年轻父亲会脱离黑帮生活，摆脱它带来的早逝风险和牢狱之灾，只为能在孩子的生活中陪伴、照顾和支持他们，做他们至关重要的人生榜样。对这些年轻的父亲来说，为人父的转折给他们的生活和未来带来了翻天覆地的改变，让他们从黑帮成员变成了尽职的父亲。

但是，或许身份转换最大的父亲群体之一是西方社会的同性恋父亲，例如西蒙。

在我长大的那个年代，对同性恋来说，（为人父）从来都不算一个选择，这也是我"出柜"的时候面临的一个主要难题。我永远不会成为一名父亲，永远不会有自己的孩子。显然，我接受了这一点。20多岁的时候，这不是一个问题，事情本来就该如此。但你可以看到，世界发生了改变……然后我们相遇了，很快就走到了一起，（而且）觉得彼此就是对的人。我们在许多方面都是幸运的，有不错的房子，生活无忧……因此，万事俱备，我们有条件养育孩子了。

——黛西（6岁）和比尔（5岁）的父亲西蒙

时至今日，对西方社会中的大多数男同性恋者来说，为人父仍然是遥不可及的事。社会对同性恋者收养子女的态度，对辅助生殖技术的限制，再加上认为孩子最好由异性恋核心家庭养大的传统观念，让许多男性意识到，他们的性取向意味着自己永远不可能成为一名父亲。然而，在一些国家，随着社会态度的改变和障碍的消除，男同性恋者也很有可能拥有自己的孩子。他们一度放弃了父亲的身份，如今需要重拾这一身份，重新振作起来，承担起为人父的职责。阿德里安的经历就颇为典型。

我一直想要孩子。我记得十四五岁的时候，我把我的性取向告诉朋友时，对我来说最大的问题在于，"天啊，同性恋不能有孩子"。这就像一大片乌云，总是笼罩在我的心头。然后，随着年岁渐长，我发现，我其实是可能有孩子的。所以，我一直特别希望能成为一名父亲。我想，以前，我的态度就好像是"我不能就这么离开这个世界，我得留下自己的一部分！我不能就这么消失了！"但是现在，我不这么想了。

——朱迪（7岁）的父亲阿德里安

对我研究中涉及的同性恋父亲来说，接受父亲的身份有时并不容易，因为鲜有同性恋者养育子女的例子或者榜样可循，再加上很多男同性恋者发现，父亲身份的异性恋色彩过于明显，难以与他们自身的同性恋者身份相融。除此之外，宣布自己将为人父后，他们并不一定能像异性恋夫妇一样得到完全积极的回应。

但是，与异性恋男性相比，同性恋父亲在身份问题方面拥有一项巨大优势：他们的角色受性别限制更小。在异性恋关系中，社会规范要求有一名父亲和一名母亲，双方的角色以及社会赋予的、与之相关的一切都是由性别界定的。然而，在同性恋者的育儿关系中，角色的流动性更大，其职责是根据特长和喜好而非性别来决定的。在英国，同性恋父亲的数量仍然很少，但我采访过的同性恋父亲则都利用了这种灵活性来构建自己的角色。对西蒙和他的伴侣丹来说，他们的角色则遵循了传统异性恋模式，由丹负责全职工作和养家糊口，西蒙则满怀热情地承担起了所谓"母亲的角色"。

我觉得——显然，这些都是文化和性别方面的东西，但是——我感觉我就像妈妈一样，因为我是那个全职在家带孩子的人。我会接孩子放学，他们晚上也会来找我哄睡觉。不管多小的事，他们只要需要照料和抚慰，一般都会来找我。我感觉自己就像个妈妈。

——黛西（6岁）和比尔（5岁）的父亲西蒙

相比之下，阿德里安和诺亚利用他们不受性别角色约束的特点，真真正正地平摊了抚养子女的职责，没有受到关于劳动分工或社会倡导的以母亲为主要养育者的文化规范的影响。

这个过程是我们共同经历的。我们一起带她回家……然后一起把她安顿下来。可以说，我们两个人对孩子的了解程度是一样的，并不会出现那种"啊，你已经在她肚子跟她有了9个月的感情，我觉得自己有点儿像个局外人"的感觉。

——朱迪（7岁）的父亲阿德里安

对现代西方社会的同性恋父亲来说，新近出现的同性伴侣育儿方式颇具灵活性，让成为一名尽职的父亲变得容易很多。由于缺乏长达数世纪的育儿文化和传统，同性恋父亲反而可以从头开始定义自己的角色。

成为父亲的经历会改变一个人，这是无可争辩的事实。但早在拥新生儿入怀之前，这些变化就已经开始发生了。随着准妈妈的孕期一天天深入，演化机制决定了准爸爸的激素水平和性格变化都与伴侣日趋同步；准爸爸触摸孕肚，或者对着未出生的孩子说话、唱歌的时候，有助于感情培养的强大激素催产素和多巴胺便开始发挥作用，使准爸爸与未出生的孩子建立起依恋关系——如果准爸爸的想象力足够丰富，这种关系的建立会更容易。孩子出生前夕，准爸爸体内睾酮水平降低，人格发生转变，对外交际、寻求家庭外刺激的动力下降，对新体验和亲密互动的接受度增加。这一切变化都会帮助准爸爸做好为人父的准备，让他们与伴侣齐心协力，打造一个拥有共同目标和愿景、对家庭的未来有着共同设想的团队。在这个阶段，准爸爸正在为成为一名父亲做准备。

这些科学研究对现实世界的影响在于，如果你的伴侣正处于 9 个月孕期之中，你却一副事不关己的样子，科学研究告诉你，你应该抓住面前的机会和孩子建立联系。现在为与孩子培养感情付出的努力，都将在孩子出生后获得千倍的回报。因此，不管对着孕肚聊天看起来多愚蠢，还是要试着去做，去触摸它，对着它说话、唱歌，给它读乔叟[1]全集（如果你喜欢乔叟的话）。无论如何，让孩子听到你的声音就好。试着去想象肚里的孩子。这个孩子会是什么模样的？你们会一起做些什么？你会成为一个什么样的父亲？在尚未受到新生儿种种需求干扰的时候，花些时间和伴侣、家人及朋友聊一聊，孩子出生后的生活会是什么样的，你又会如何适应这种生活。对即将发生的变化感到忧虑是正常的，但如果忧虑变成了焦虑，就去和身边最亲近的人谈一谈你的想法和恐惧吧。你也可以寻求健康

---

[1] 杰弗里·乔叟（Geoffrey Chaucer，约1340—1400），英国文艺复兴初期的卓越人物，英国民族文学的奠基人。——编者注

与社会关怀专业人士的帮助，或者到网上论坛里寻求陌生人的支持。本书最后提供的资源也许能给你一些帮助。请记住，现在照顾好自己，意味着孩子出生后你能够全情投入新角色、新家庭和新生活。

第 3 章

父亲的重要性

不仅仅在于血缘

纳亚尔人是生活在印度喀拉拉邦的一个高种姓。纳亚尔人的女孩在青春期到来之前就会嫁给同种姓或更高种姓的年长男子，然后迅速离婚。到了生育年龄，一名女性会拥有众多情人，每一个都可能成为她孩子的生物学父亲。这些女性会将这些男性称作"临时丈夫"，而男性则认为她们不过是"情妇"或"客户"。因此，他们不会对自己的后代承担任何责任。为了保证名义上的正当性，这名女性的家族会将孩子认定为她前夫的子嗣。由于前夫很早就离开了，通常情况下会由女方的男性亲属，一般是她的兄弟来承担孩子"社会性父亲"的角色，并担任孩子的老师和保护者。为什么会出现这种在西方人看来很不寻常的习俗呢？

纳亚尔人生活在母系社会，也就是说，权力和继承权沿母系传袭，不过仍然掌握在同一母系的男性家族成员手中。作为高种姓，纳亚尔人担心，一旦财富和权力外流到以孩子生父的家族为代表的其他氏族手中，本氏族的地位就会被削弱。因此，他们设计出这个神奇的制度，让生物学父亲提供基因，然后请他离开。这样一来，孩子作为未来会给家族带来彩礼、嫁妆和劳动力的"宝贵财富"，就能继续留在母系家族中，而孩子生活中仍然能有一个重要的父亲角色存在。

父亲在所有人类文化中都是重要的组成部分。我指的并不是他们繁衍后代的作用，而是他们在家庭以及更广泛的社会中扮演的角色，毕竟，你不需要一本书来告诉你父亲对创造人类生命来说至关重要。在西方社会，生物学父亲的地位特殊，我们难以想象任何其他人代替这个角色的情形。母亲的角色很大程度上由她们的生理构造决定，因此她们即使不用亲自喂养孩子，至少也要完成孕育胎儿的过程。与母亲不同的是，担任父亲一角的最佳人选并不是固定的。这也就意味着，在许多社会中，父亲的角色可能与血缘无关，也不一定只属于特定的某个人。是历史、意识形态、文化和法律等多重因素，再加上个体基因的存活在演化中的必要性，共同定义了父亲的角色。多重因素错综复杂地组合在一起，最终导致父亲的角色在世界各地表现出了惊人的多样性。

在本章中，我希望纵观世界各地的父亲们，看看谁是最令人向往的那一种父亲。你可能会问，世界各地父亲的生活和我们有什么关系？比起了解刚果（金）某偏远部落中的男性的经历，我们不是更应该多花点儿时间监督孩子做作业、清理一下冰箱或者追追剧吗？请放心，你的时间不会被浪费。我们应该关注其他文化中父亲角色的原因有两个。首先，西方社会的父职行为并不像我们最初认为的那么统一。是的，我们已经内化了核心家庭的概念，将其视为常态，但始终存在明显的例外，比如重组家庭和收养家庭。随着社会自由度提升，辅助生育技术越来越先进，可以被称为"爸爸"的对象也日趋多样化。因此，在态度和行为方面，我们有许多要向其他文化中的父亲借鉴的地方。其次，了解其他文化中的父亲能让你安心。在许多文化看来，西方人对血缘关系的强调是很不可思议的。在这些社会里，父亲是站出来履行父职的人，他们和孩子是否有血缘关系其实无关紧要。只要你履行父职，你就会被称作"父亲"，就能得到宝贵的社会认可。当越来越多的男性开始抚养和自己没有血缘关系的孩子时，我希望来自其他文化中"社会性父亲"的经验会对他们有所帮助。

在人类父职行为演化的数千年里，我们的祖先被迫忍受着一度危及其生存的环境变化和命运起伏。他们曾与剑齿虎搏斗，在冰河时代席卷全球时熬过极端的气温变化，在未开发的荒凉土地上跋涉，并与同属于人族的竞争物种争夺支配地位。这些困境给他们之中那些做父母的带去了巨大压力，因为他们要保护孩子在气候变化、野兽和环境的威胁下存活。我们的祖先最终得以幸存，人类繁荣兴盛，是因为我们能够通过调整自己的行为、文化以及改变环境的手段来应对这些威胁，而改变环境的能力是人类独有的。我们今天仍然在这么做。母亲忙于怀孕和分娩，耗费大量精力，因此父亲必须迅速改变行为模式以应对这些挑战，这样才能确保家人的生存。有时，这可能意味着最适合担任父亲职责的男性并不一定是使母亲受孕的那个人。

如今，生活在英国、欧洲大陆或北美洲的典型西方父亲都会想方设法陪伴孩子，他们的目标是真正和伴侣分担养育子女的职责。他们希望去支持、教导、养育和照料自己的孩子。但是，他们为什么会做出这种选择呢？也许是出于个人原因：他们希望能颠覆自己父亲的那种关系疏远的养育方式。也许他们一直受到大众传媒中对名人父亲的报道的强烈影响：大卫·贝克汉姆（David Beckham）和布拉德·皮特（Brad Pitt）等完美的明星父亲总能兼顾事业成就、俊美外表和无懈可击的育儿技巧。当然，父母共同育儿的趋势之所以会出现，部分原因是社会对父职的观念发生了转变。越来越多的人认识到，父亲能为子女的成长带去关键影响。然而，这只是冰山一角。科林的经历也许能使我们一窥究竟。

> 我有两周的产假，我认为应该更长一些，因为两周后还会有很多新问题要面对。伴侣仍然需要你的帮助，孩子也需要你，所以我认为应该延长男性产假。之前朱莉出现了脊髓漏液的情况，我们那段时间很不容易，她很多事都做不了。那两周我忙得焦头烂额的，因为什么事都得我来做。等我回去上班以后，她又开始忙得焦头烂额的，我心里又空落落的了。我心想："哎，我的孩子呢？"我已经习惯一个人包揽全部了。
> ——芙蕾雅（6个月）的父亲科林

在我母亲生我的20世纪70年代，无论产程多么顺利，产妇分娩后一般至少要住院一周。助产士与产妇人数之比很高，因此母亲能在学习哺乳和照顾新生儿的过程中得到充分的帮助。新生儿每天晚上都会被带到育婴室里，让母亲在回家之前获得充足的睡眠。如今，情况大不相同了。在英国，如果产程顺利，母亲在生产当天就能带着孩子出院，医院也不会耐心地教她们育儿技巧。许多人出于工作需要搬了家，住得离公婆或岳父母并不近，也就无法让他们填补助产士离开后留下的空缺。结果，唯一能在母亲身体恢复之前帮忙照顾孩子的就是父亲了。你能从这里听到50万年前的历史回响吗？父亲再次不得不凭借其承担角色的灵活性来满足家庭的需求，填补人手空缺，确保孩子的生存与茁壮成长。

生存确实是父亲关注的重点，稍后我们将讨论父亲如何在孩子一生中确保其安全。但最基本的一点在于，亲职的任务是在受孕那一刻起就尽力保证基因的延续，人类父亲也不例外。在西方，每当孩子的生命受到威胁时，一般情况下，是生物学父亲挺身而出。但在其他国家，生物学父亲可能活不到孩子成年，这才是最真实的危险，因此，为了应对这个难题，出现了一个截然不同的解决方案。

南美洲巴拉圭的亚契人（Ache）在人类学界以两个主要特点著称。第一，他们有着极度尚武的社会文化，常年与邻近部落处于战争中。第二，他们履行父职的形式相当罕见：孩子拥有不止一个父亲，不但有一名生物学父亲，还有多名"社会性"父亲。这种育儿方式在南美洲较为普遍，但并未出现在其他地区。社会性父亲在孩子的生活中扮演父亲的角色，承担父亲的全部职责，却并不是使母亲受孕的那个人。因此，他可能和孩子有血缘关系，比如是孩子父母的兄弟，只是并非孩子生父而已。亚契社会鼓励男性和女性拥有多名性伴侣，一名女性与一家的所有兄弟存在性关系的情况是很常见的。重要的是，亚契人认为，受孕不是单一事件，而是在孩子出生前就发生了很长时间的持续性事件。对亚契人来说，生物学父亲是在离孩子母亲月经停止那刻最近的时点与她发生性关系的男性。不过，在孩子出生前一年与母亲发生过关系的所有男性都会被视为孩子的父亲。部落中的成年人为了搞清楚状况，会像理清日间肥皂剧里的某个非常复杂的场景那样对这些男性进行区分，但重要的是，孩子只会使用同一个称谓来称呼他们。这些男性在部落中被贴上不同标签，以体现他们各自在受孕过程中起到的作用。在亚契人的语言中，miare 是"将精子放进子宫里的人"——我们所说的生物学父亲，peroare 是"将精子与卵子混合的人"，momboare 是"将其倒出的人"，bykuare 是"提供实质的人"。生育的整个过程是真真正正的合作行为。最初被认定为生物学父亲（miare）的那名男性将主要承担父亲的职责，但其履行父职的方式则与西方社会中的大相径庭。他们并不会像西方父亲一样主要承担照料和关心孩子等职责，相反，他们的首要任务是在其他部落对其村庄发动频繁的袭击时保护家人的安全。选择这种角色的后果是，他们面临着很高的死亡风险，孩子也会因此失去父亲。

亚契男性的死亡率极高，而失去父亲保护的子女也很可能被入侵的其他部落杀害。在战争中取胜的男性并不愿意承担抚养其他男性子嗣的负担，因此杀婴是一种常见现象。正是在这种非常真实的死亡威胁之下，孩子拥有多名父亲逐渐成为一种必然的选择。当主要承担父职的父亲死亡，就会有第二位父亲或社会性父亲参与进来，承担起父亲的职责，为孩子提供保护。与亚契人共同生活多年的社会人类学家金·希尔（Kim Hill）和玛格达莱娜·乌尔塔多（Magdalena Hurtado）在研究中发现，由第二位父亲养大的孩子的生存率为85%，相比之下，只有一名父亲的孩子的生存率仅为70%，差异非常显著。在亚契社会中，每个孩子平均拥有2名父亲，但也存在一个孩子拥有10名父亲的情况。因此，亚契人并非信仰自由恋爱，他们的乱交行为只不过是一种务实的生存策略：通过对父亲身份的模糊化，鼓励男性保护部落里的儿童，尽管他们成为生物学父亲的机会并不大。最有可能成为真正生物学父亲的男性要与其他多名男性共享自己的伴侣，这一行为显然与演化过程中保证血缘关系的需求背道而驰，但在一个战争频发的社会，这样做能让基因存续的可能性最大化。

因此，想要满足孩子在生活中对父亲的需要，依靠生物学父亲只是众多可行方案之一。虽然效仿亚契人的做法并推崇多名父亲的社会并不多，但的确有很多社会遵循这样的传统：孩子唯一的父亲既可能是生物学父亲，也可能是社会性父亲。在这些社会以及其他很多类似的社会中，生物学父亲可能会自愿或被迫让位，一方面是为了孩子的利益，另一方面，也是最重要的，是为了自己的基因。因此，纳亚尔人部落中的生物学父亲会欣然将父亲一职拱手让人，因为他们知道，在这个典型的母系社会中，比起把孩子留在自己身边，把他们交给母亲的家族照顾才会让他们的生存率更高，未来成功的可能性更大。他们会放弃参与孩子生活的机会，将父职交给孩子的舅舅们，因为他们明白，这样孩子就能获得其需要的全部经济和政治资源，从而在印度等级森严的社会中取得成功。

纳亚尔人和亚契人的父职实践方式有这样一个核心理念：在孩子的一生中，父亲可以有很多含义，甚至可以由很多人担任。归根结底，**重要的不是生物学上的亲缘关系，而是有一个父亲般的角色能确保孩子的生存**。不过，采取这种做法的并非只有偏远的部落。

人们同样可以在西方社会找到像在巴拉圭的森林和印度的广袤土地上的那种社会性父亲，只不过称法不同罢了。如果让一个南非孩子回忆自己的父亲，你很快就会发现，他们反复提到的陪在他们身边的父亲，并不一定是他们的生物学父亲。在对南非黑人父亲的研究中，西开普大学（University of the Western Cape）的科帕诺·拉特尔（Kopano Ratele）、塔玛拉·舍费尔（Tamara Shefer）和林赛·克罗斯（Lindsay Clowes）指出，成年子女对父亲这一身份有着非常清楚的认识，但他们所指的父亲并不受血缘或西方核心家庭观念所束缚。大家庭才是关键。事实上，根据传统，生物学父亲大多在孩子的日常生活中长期缺席，是通过养家糊口来履行父职的。负责照顾和养育孩子、做孩子的榜样和老师的通常是祖父、叔伯、舅舅等家族里的男性成员。这不是因为人手暂时不足而出现的权宜之计，而是一种传统习惯——当今天的父亲成为祖父以后，他们也会帮助自己的儿子抚养孙辈。而对这些家族里的孩子们来说，这样的安排才是理想的。他们能得到一大群家庭成员的支持，而这些人的重要性将随着孩子需求的变化而增减。对许多孩子来说，与仅仅依靠一名生物学父亲相比，这种安排更具优势，因为不同的父亲会教给他们不同的技能。近年来，南非国内的家庭危机引发了很多讨论。许多人认为，这场危机应部分归咎于生物学父亲缺席的文化传统。但正如拉特尔及其同事所言，我们如果跳出对父亲和家庭概念的刻板印象，就会发现许多南非儿童的确是有"父亲"陪伴的。事实上，他们拥有整个"父亲团队"。

这种非核心家庭的育儿方式主要在第三世界国家和新兴工业化国家盛行，已经有数百年历史。它之所以能引起西方人的兴趣，正是因为西方人关注的向来是以生物学父母为主的育儿方式，二者形成了鲜明的对比。然而，在如今的英国，父亲可能出于很多原因和自己孩子不具有血缘关系，如因为身患不育症而接受了精子捐赠、领养了子女或身为同性恋伴侣的一方。一些女同性恋伴侣会与捐赠精子的男同性恋者及其伴侣共同抚养孩子，这样一来，孩子就同时拥有了两名生物学父母和两名社会性父母。对部分原本无法实现为人父夙愿的男性来说，科学的进步和社会的改变使他们梦想成真。然而，尽管所有父亲都能拥有向父亲身份转变的体验，踏上一段充满挑战和喜悦的旅程，但对社会性父亲来说，却出现了新的挑战——如何在一个仍旧认定生物学父亲拥有至高无上地位的社会中坚守自己作为父亲的身份。

在2005年前的英国，通过异源人工授精手段出生的孩子无权了解其生物学父亲的身份，所有精子捐赠行为也都是匿名的。之所以出台这项规定，是因为这项技术全程必须优先维护核心家庭的完整性以及受捐赠男性的父亲身份的牢固性。可以毫不夸张地说，人们认为，核心家庭是社会的基石，而一旦捐赠者身份公开，社会性父亲在家庭中的地位就会被削弱。如果有一天，精子捐献者从抽象变为现实，拥有了一个具体的身份，那么这个"第三名家长"的存在就会给家庭带来阴影，不断威胁家庭的正常运转。借助供体授精技术生育的父亲知道，自己与孩子并无血缘关系，但是，只要知道自己是唯一受到认可的父亲，他们就可以接受这个现实，甚至选择将实情告诉孩子并公之于众。然而，随着人们对基因遗传的认识不断加深，加上对这些孩子了解自己基因，尤其是可能携带某些先天性疾病的基因的权利的逐渐认可，法规得到了修订。2005 年 4 月 1 日后，通过供体授精技术出生的英国孩子在年满 18 岁后即有权获取生物学父亲的相关信息。

这项法规的修订使个人和社会都必须努力面对这样一个事实：父亲的角色不一定只由一个人承担，而可以由缺席孩子成长过程的生物学父亲与抚养并陪伴孩子长大的社会性父亲分担。其他许多社会或许早已接受了这一理念并拓展了它的内涵，但对还需要抛却数世纪以来对核心家庭信仰的西方人来说，这种观念上的转变并非易事。在家庭层面，借助供体授精技术生育的父亲每天都要面对这样的挑战，要通过种种方式来应对这个新的现实。新西兰坎特伯雷大学（University of Canterbury）性别研究系（Department of Gender Studies）的副教授维多利亚·格雷斯（Victoria Grace）及其同事在对新西兰借助供体授精技术生育的父亲进行研究时发现，受访者对精子捐赠者的态度非常矛盾，一方面十分感激捐赠者的无私奉献，另一方面又将捐赠者的持续存在视为一种威胁。对许多父亲而言，想要缓解这种矛盾，唯有否认捐赠者的存在、对其避而不谈或用开玩笑的语气轻描淡写地一笔带过。格雷斯引用一位父亲的话写道："他只捐赠了精子，然后就跟我们再也没有关系了。"另一位父亲则评论说："只是一颗精子而已，它背后没有谁的面孔和人格。"

尽管如此，由于家庭讨论中总是不免提到孩子像谁的话题，这个时候问题就出现了。所有父母都喜欢讨论孩子继承了自己哪些优秀、古怪或恼人的特点，因此，当一对同住的伴侣之一是孩子的生物学父/母亲时，这样的讨论是必然会发生的。对这些家庭中的社会性父亲来说，这些讨论可能会让他们想起自己不像伴侣一样和孩子存在血缘关系的事实（无论伴侣是男性还是女性），并因此感到不快。对异性恋伴侣而言，拥有这种基因联结的是孩子的母亲和另一名男性。部分家庭会通过强调孩子从社会性父亲处习得的行为——包括语言表达和言谈举止——来应对这个问题；另一些家庭则选择坦然承认孩子从另一位不在身边的父亲或母亲那里遗传了某些技能和某些特点，这种情况通常是在孩子对某项事物表现出父母双方都不具备的兴趣和才能时发生的。事实上，对部分接受捐赠的伴侣来说，"精子捐赠者中有很多是手头拮据的医学生"这种常见说法是件好事，意味着以这种方式生下的孩子可能更聪明。在大部分伴侣看来，重点在于尽量找一个和社会性父亲外貌特征相近的捐赠者，因此尽可能让孩子长得像社会性父亲，给外界留下孩子和社会性父亲之间的确存在血缘关系的错觉。社会科学家露西·弗里斯（Lucy Frith）通过研究美国的非生物学父母发现，除了确保孩子身体健康之外，在女同性恋伴侣中，与孩子没有血缘关系的那一方在选择精子时主要考虑的是捐赠者的兴趣爱好，而在异性恋伴侣中，与孩子没有血缘关系的父亲则会优先考虑肤色、体形和身高等外貌特征。选择捐赠者时的这种显著的性别差异或许可以理解为，孩子的社会性母亲无论如何都无法掩盖自己和孩子没有血缘关系的事实，但社会性父亲则能够通过选择与自己外貌特征接近的孩子来尽量对其进行模糊处理。

借助供体授精技术生育后，父亲必须经过复杂的思考过程，才能适应自己并非孩子生物学父亲，而是其社会性父亲这个事实。这种情况的部分原因在于，西方社会不习惯由两个及以上的男性来承担父亲职责的做法。在亚契人、纳亚尔人以及现代南非人中，分散的父职——包括多父亲育儿、社会性父亲育儿或二者兼有的情况都能得到社会的支持，被视为完全正常的做法。但在西方，社会并没有给予社会性父亲这样的认可。或许是个人性格和经历与家族意愿和观念综合后的产物决定了西方的社会性父亲如何扮演这个角色。父亲欣然承认捐赠者的存在，认可其对家庭做出的贡献，这是一个极端；而另一个极端是，部分父亲发现自己难以承认在孩子的孕育过程中有其他人存在的事实，以至于一对伴侣可能决定不向孩子坦承这一点，拒绝让他们了解自己的身世。第二种情况中的父亲常常担心，孩子一旦了解自己的身世，可能就不会再把社会性父亲视为父亲，或者，如果生物学父亲和社会性父亲见面，社会性父亲作为父亲的安全感会被削弱。无论是否告诉孩子实情，在西方，扮演社会性父亲的角色常常是与社会主流背道而驰的一种行为，无论在心理上还是生理上都是件复杂的任务。这是个不争的事实。因此，社会性父亲理应得到我们的共情、认可和支持。

在接受供体授精的异性恋伴侣中，生物学父亲和社会性父亲保持着一定的距离，但对男同性恋伴侣来说，二者则有可能和谐共处。此外，由于只有一名男性能够成为孩子的生物学父亲，西方社会的男同性恋者远不像异性恋男性一样可以随心所欲地成为父亲，而是要经过商议来做出选择和决定，还要选定合适的代孕母亲——是选择代孕机构还是与女性友人或女同性恋伴侣达成非正式协议。除此之外，他们还要讨论由谁来做孩子的父亲，慎重决定哪一方成为生物学父亲，哪一方成为社会性父亲，或是考虑主动对其模糊处理。澳大利亚社会科学家黛博拉·邓普西（Deborah Dempsey）在对同性恋父亲的研究中，提出了几种让伴侣双方有均等机会成为生物学父亲的方式：使用双方的混合精液进行人工授精；将双方的精液注入不同的卵子，并将两颗卵子都植入子宫内；双方每个月轮流捐精，直到代孕母亲怀孕为止。通过采取这些模糊处理父子关系的技术，同性恋父亲某种程度上模仿了异性恋伴侣双方都做出生物学贡献的受孕过程。然而，为混淆生物学父亲的身份而煞费苦心的举措反而突显出，对一些男同性恋伴侣来说，生物学父亲的身份仍是重中之重，社会学父亲则位居次席。如能明确哪一方是社会性父亲，许多同性恋父亲会大费周章，尽量使育儿的天平"重新取得平衡"。有时，社会性父亲是出生证明上的合法父亲，还有很多伴侣明知谁是生物学父亲，谁是社会性父亲，还是尽量保密，甚至不会告诉孩子，只为了双方在家庭中能得到平等的对待。

男同性恋者必须通过伴侣关系之外的手段才能成为一名父亲的事实意味着，他们建立的家庭是独立于西方社会一直以来更熟悉的由 1 名母亲、1 名父亲、平均 2.4 个孩子外加 1 只拉布拉多犬构成的传统家庭之外的。他们始终在挑战西方社会中认为生物学父亲有别于社会性父亲且地位更高的观念。挪威卑尔根大学（University of Bergen）的托尔·弗尔杰（Tor Folger）在《同性恋期刊》（Journal of Homosexuality）上撰文描述了一个由 5 名成人和 2 个孩子组成的家庭，其中包括一对女同性恋伴侣，一方是孩子的生物学母亲；一对男同性恋伴侣，双方都是社会性父亲；以及一名生物学父亲，他并未参与孩子的生活，但孩子们知道他的存在，如果愿意也可以去拜访他。托尔的研究对象巴尔德及其伴侣由于担心双方关系不平衡，决定不在生物学层面参与孩子的受孕过程。通过采用接受精子捐赠的方式，两个人的家庭地位是平等的，都是孩子们的社会性父亲。有趣的是，在孩子出生后，他们的想法完全改变了，因为他们发现，亲子关系重在陪伴和参与，而非血缘，于是他们从前对生物学父亲地位的执念烟消云散。

我从来不认为血浓于水。我（想过如果）我要孩子，我会选择收养。我内心对此非常坚定，因为我觉得世界上的孩子已经够多了。我从来不觉得孩子身体里必须流淌着我的血液……我的家庭很糟糕,所以我觉得(即使)他们很糟糕,我还是这么优秀,因此(血缘)没那么重要!

——朱迪(7岁)的父亲诺亚

在一些国家,由于法律放宽了对收养的限制,男同性恋伴侣能够收养子女,这就意味着世界上会有越来越多的家庭是由两个社会性父亲共同育儿的。在美国,现有数据显示,截至2015年,共有65,500名儿童被同性恋伴侣收养;领养儿童的男同性恋伴侣比例由1990年的5%增长至2000年的20%,增速很快,增幅巨大。在英国,自2006年有记录以来,已有2,317名儿童被女同性恋、男同性恋或双性恋伴侣收养。在我研究过的同性恋父亲看来,他们做出收养的决定,是因为他们相信血缘关系并不比建立在抚养、关怀和爱意上的关系更高级,再加上英国待收养的儿童人数很多,于是他们选择了领养而非很多人下意识选择的代孕——毕竟,目前在寻找温暖家庭的孩子已经有那么多了,何必为这个群体添砖加瓦呢?收养孩子并非易事。在英国,要收养一个孩子,你必须把自己的生活和灵魂袒露在严苛的审核之下,还得接受培训,完成思考和实践任务,并提供证据证明你是一个适合养育子女的人。在完成以上这一切以后,你甚至还不知道此刻是否有可供你收养的孩子,并准备开始一次次回答这样的问题:在缺乏一个常规的、稳定的、更适合育儿的母亲角色存在的日常环境中,孩子适应得如何?不过,对我访问过的同性恋养父来说,尽管要面对以上种种挑战和提问,这段旅程仍然是极其美好和富有意义的。这一切都与基因无关。

> 阿德里安：我的邻居们会说"哇，你们是很优秀的家长"。我知道他们是在夸我们的女儿很出色，但他们这话听起来总像有这么一个前提——对两个男人来说，你们做得还是不错的。
>
> 诺亚：完完全全是说教的态度。这样的人很多，他们还会提出很多问题，很多"谁负责这个""谁来做那个"的问题。
>
> 阿德里安："谁来当妈妈？"
>
> 诺亚：对，"谁来当妈妈？"朱迪也被问到了这样的问题。
>
> 阿德里安：有些人看起来就好像在说"你们毕竟是两个男人，我还以为你们会把她抓起来塞进柜子里，指望她就那么自己长大……"但其实我们知道怎么带孩子。
>
> 诺亚：我们非常喜欢带孩子。这是我们做过的最好的事情了。
>
> ——朱迪（7 岁）的父亲诺亚和阿德里安

在本书后续章节中，我希望你能逐渐了解父亲所能扮演的多重角色、在承担这些职责时受到的大量影响，以及父亲对创造一个让孩子能在其中生活并茁壮成长的世界是多么重要。如果你是一名社会性父亲，我希望书中描述的此类父亲的经历能引起你的一些共鸣。尽管在孩子到来之前，你可能会担心与孩子没有血缘关系，这时便要和至亲、好友或伴侣坦诚地聊一聊。你一旦投入做父亲的日常生活和体验，这些担忧就会烟消云散。你会发现，在开始承担父亲的职责后，你会自然而然地成为一名父亲。对许多男性来说，父亲的真正职责始于孩子出生那一刻。

第三部分

诞 生

第 4 章

父亲角色的诞生

父亲与分娩、健康和幸福的关系

一名男子朝一棵树走去,双眼目不斜视地望着树前方的地面。树根旁有一堆木柴,摆成金字塔的形状,外围有大量荆棘保护。这名男子蹲在木柴堆旁,开始在地上挖洞。挖出一个浅浅的小洞之后,他从袋子里取出一个白色麻布包裹,打开后露出半个椰子壳,壳内装着一个大大的粉色肉质物体——胎盘。他把椰子壳和里面的胎盘放进洞里,用土埋了起来。最后,他把荆棘放到一旁,拿起木柴,在浅浅的坟墓上生起了火。火燃起来后,他后退几步,注视着木柴被一根一根引燃。火势逐渐旺了起来。他会让火烧上一阵子,不论白天黑夜都会定期回来照看,避免火熄灭。5 天之后,他会回来清理余烬,重新挖出椰子壳和里面的胎盘,在离家不远的某处街角选择一个地方,重新将其埋葬。他是一个新生儿的父亲,他埋的是他刚出生的儿子的胎盘。

这名男子是当代的泰国马来人(Thai Malay),居住在该国西南沿海风景秀丽的沙敦府(Satun)。当地人相信,胎盘是与孩子同性别的兄弟姐妹，因此与孩子的命运息息相关。他们会将胎盘埋在村子里，以此维系孩子与部族的联结，因为无论未来怎样，孩子都不会希望离开自己的"双胞胎兄弟/姐妹"。不过，胎盘的具体埋葬位置取决于孩子的性别——这使我们得以窥见泰国马来人文化中严格而根深蒂固的性别角色划分。父亲们一般会将儿子的胎盘埋在离家最近的街角，鼓励儿子走出村庄寻找自己的未来，而会将女儿的胎盘尽可能埋在家附近，意味着女儿的归宿就是父母身边。父亲们认为，这种胎盘葬礼具有巨大的神秘力量，不仅能帮助孩子融入自己的民族和社群，还能保佑孩子未来的福祉。因此，在前往墓地的途中，父亲千万不能被周遭的事物分心。他如果左顾右盼，则会导致孩子患上眼疾。同样的道理，胎盘也不能埋在近水处，以免孩子日后患上胃病。

为人父并不是一个瞬间，而是整个过程：在孩子出生前多年，当男性对孩子的渴望萌生时，这一过程便随之开启，一直持续到孩子出生后。然而，怀孕和分娩是这个变化过程中的一段特殊时期——一段逐渐接受崭新的未来和角色定位的时期。这一时期是重要的人生节点之一。当一名男性关注的焦点从"我"变成"我们"，其生活的全部样貌都会发生彻底、永久性改变。

在本章中，我将探讨父亲对孩子出生过程的体验。在许多文化中，分娩都是仪式性的时刻，但在西方，与分娩相关的通常是医院、医生、预约和文件。这会影响父亲的体验，有时还可能导致他们难以应对新的生活和身份。我希望能够探究问题的根源和影响，以及新手爸爸能够做些什么，以使自己在孩子出生时的体验尽可能美好和愉悦。

"拟娩"（couvade）一词源自法语中的couver，意指孵化或育雏。人类学家经常用这个词来形容许多社会中存在的男性初为人父时的一系列习俗、仪式以及心理和生理体验。普遍观点认为，拟娩起源于古埃及。古埃及人认为，拟娩过程和体验非常重要，能够帮助无法亲身获得孕产体验的父亲适应自己的新角色，在家庭中发挥其重要性，并从部族中获得必要的支持。因此，拟娩在帮助男性应对为人父的实际影响和心理冲击时能起到至关重要的作用。

拟娩行为分为两种不同类型。第一类是拟娩仪式，让男性能够充分参与怀孕和分娩过程，以保护孩子和母亲，或巩固孩子在部族中的地位。举行这些仪式的人们相信，成为父亲是男性人生中重要的转折点，而孩子的诞生不仅是个人的事，更是整个部族的事。因此，本章开头的沙敦父亲不仅会在孩子出生后为胎盘举行葬礼，在此前漫长的孕期内还会帮妻子做些为孩子出生做准备的实际工作，例如搭建一张名为khrae的木床，让分娩后的妻子带着新生儿在上面连续睡44天。在此期间，父亲会为母亲和孩子生一炉火来取暖，并确保火一直不会熄灭。

为什么对参与怀孕和分娩过程的男性来说，拟娩是重要的一步？女性与孩子之间存在身体和心灵的联结，但男性与孩子的联结是社会性的，主要包括亲子互动以及社会对其角色的认可。通过拟娩仪式，男性公开承担起父职，并请求部族帮助和支持他完成成为父亲的转变。或许后者更重要。除此之外，许多仪式与未来对孩子的支持和保护密切相关。想想那个将儿子的胎盘埋在街角的沙敦父亲，他举行这个仪式的目的是抵御疾病侵害并希望孩子忠于部族，他选择的埋葬地点则表明他期待孩子将来能走出村庄，有更广阔的发展。这些愿望反映了两个不同的主题：无论命运多么变幻莫测，无论外界环境存在什么样的挑战，父亲这个角色的核心动力始终是确保子女生存，以及教育并引导子女，使其在成年后能够独立自主地生活并取得成功。我会在本书中反复提到这两个主题。

类似沙敦人这种习俗的做法曾经广为流行。然而，随着接生逐渐成为一项医疗服务，即使在偏远地区，举行此类仪式的机会也越来越少，尤其是与分娩相关的。对于一直被排除在分娩过程之外的泰国男性来说，如今初为人父的时刻不再意味着悉心取出胎盘并将其埋葬的仪式，而是充斥着医院的烦冗手续和需要填报的无数表格。胎盘葬礼等仪式仅适用于产妇在家分娩或有动力和精力通过一系列繁文缛节从医院里领出胎盘的家庭。但是，随着这些仪式的消亡，社会中仍然留存着一种惊人的生理现象，或许是面对初为人父的深刻情感和生活体验时身体的自然反应。这就是第二类拟娩行为。

> 孩子一出生，你的生活就会发生翻天覆地的变化！这看起来像一句废话，但事实真是这样……我不知道我的时间都去哪儿了，也不记得自己以前是怎么过的，都做了些什么，因为我现在好像完全没时间了！我是说，有些事我必须去做，比如大半夜爬起来照顾孩子。
>
> ——弗雷迪（6个月）的父亲迪伦

如果你是一名父亲，那么迪伦的故事你一定不陌生。孩子的出生必然会扰乱你的日常生活。你必须兼顾工作和生活，只能抓住机会抽空吃东西，安安稳稳地睡一整夜也成为一种遥远而美好的回忆了。对许多父亲来说，生活方式的变化会对身体造成影响——你会发胖。过去频繁去健身房或在周日早上和朋友踢一场5人制足球的经历也一去不复返了，取而代之的是高碳水、高脂肪、高糖的饮食，只为满足漫长的白天和支离破碎的夜晚所需的能量。对部分父亲来说，父亲的职责对身体健康的影响可能更显著也更严重，例如可能出现胃痉挛和腹泻，还会感到无精打采、食欲不振。如果你出现了上述情况，那么这些都属于第二类拟娩行为——拟娩综合征。

拟娩综合征是一种不易理解的概念。其症状繁多，大部分集中在消化系统，也有可能导致肌肉痉挛、性欲减退和牙齿疼痛，因此很难确诊，抱怨身体不适的男性也常常会被忽略。难确诊带来的一个后果是，我们对拟娩综合征在现代人群中的发病情况知之甚少。据多项研究估计，在全球范围内，拟娩综合征的发病率大约为11%~50%。我们掌握的信息是，拟娩综合征基本可被视为工业化文明中独有的一种现象。男性在女方初次怀孕时最易发病，在孕早期和孕晚期症状会加重，而在婴儿出生后症状往往会消失。某类或具有某些性格特征的父亲群体更容易出现这种综合征，例如初为人父的青少年、成长过程中父亲缺席的男性、伴侣意外怀孕的男性、与伴侣关系特别亲密且共情能力强的男性。除此之外，不幸的是，迫切希望密切参与伴侣怀孕过程的男性患这种疾病的风险也比较高，并会在生理和心理两方面同时出现症状。

所有这些男性都有一个共同的特点：他们很可能都经历过对做父亲的重度焦虑。对青少年或由单亲妈妈抚养长大的男性来说，仅仅是年轻、缺乏经验再加上缺乏父亲树立的良好榜样这些消极前提，就有可能使他们对即将落在肩上的父亲职责感受到比大部分准爸爸更强的焦虑。计划内的怀孕可以使男性平缓地向父亲角色过渡，但伴侣意外怀孕的男性由于缺乏这种缓冲，不得不在短时间里接受这种他们未能预知且很有可能并不欢迎的转变。与伴侣关系较亲密并对其体验感同身受的男性则可能分担伴侣的忧虑、担心和痛苦，从而导致心理状况的躯体化。事实上，加拿大纽芬兰纪念大学（Memorial University of Newfoundland）的心理学家安妮·斯托里（Anne Storey）及其同事已经发现了这种现象存在的生理证据。他们对34位加拿大新手父母进行了研究，结果发现，与从未出现拟娩症状的男性相比，出现过两种或两种以上拟娩症状的准爸爸的睾酮水平较低，催乳素（一种有助母亲分泌乳汁的激素）水平较高，导致他们对伴侣和子女的响应程度更高。不过，他们的女性伴侣的皮质醇水平也有所升高，表明她们在孕期的压力水平较高，这些男性的状态很有可能是她们的镜像。

问题在于，为什么会出现拟娩综合征？为什么这是一种现代才有的现象，且大多出现在发达国家？许多人尝试对此做出解释，观点众说纷纭，包括男性嫉妒女性怀孕的能力以及胎儿与母亲之间的亲密关系。在我看来，原因更加简单明了，与父亲的日常生活息息相关——这是父亲对自己在经历这个关键发展阶段时缺乏他人认可和支持的状况的一种无意识表达。对那些希望切身感受伴侣孕期体验的男性，以及那些由于缺乏生活经验和良好榜样而需要额外帮助的男性来说，缺乏认可和支持导致的消极影响尤为显著。正如前文中的沙敦父亲体现的那样，拟娩仪式使男性能够在孕期和产后扮演一个独特的角色，不仅能向部族成员展示自己的新身份，而且也会向他们传达出自己需要支持的信息。拥有一个受社会认可、明确的角色并了解这个角色的内涵，能够使男性获得安全感，感到其角色的重要性得到了部族的承认。在西方，当社会福利、商业、医疗等所有产业的关注点都落在母亲身上时，公开的拟娩仪式的缺乏导致父亲难以明确自己的角色定位，也难以获得认可和支持。这种情况或将导致更严重的焦虑，进而导致拟娩综合征的种种症状。在史蒂夫陪伴侣进行产前护理的经历中，我们就能明显看出他处于缺乏认可的状态。

> （产检）我确实去了。我的伴侣坐在那儿，助产士（在我面前）把帘子拉上了。我的伴侣说："让他看吧。"助产士说："哦，好吧。"我心想，好吧，我可是丈夫……一个月以后我可是什么都会看到。那个助产士的态度有点儿奇怪，好像我不该在那儿似的。
>
> ——安娜（6个月）的父亲史蒂夫

多年来，我与许多新手爸爸交谈过。除了兴奋、自豪和恐惧之外，显然有很多男性像史蒂夫一样，认为在怀孕和分娩的过程中，自己被边缘化了。随着怀孕和分娩逐渐医疗化，许多原本可在社群中面向部族成员举行的公开仪式发生在了医院里。因此，男性被剥夺了获得公众对其角色认可的机会。尽管早在约40年前，第一批父亲就走进了产房，但如今，父亲被产房拒之门外的情况也还是很常见的。母亲接受检查时，父亲不得不在外等候；医院也只会询问母亲希望如何生产，接受怎样的产后护理；当母亲被推去接受紧急手术的时候，父亲只能任由自己去猜测和想象发生了什么。这种只关注母亲的做法可能会伤害父亲的感受：许多男性表示，感觉自己像个冒牌货，要不就是多余和不受欢迎的人。不幸的是，在我与父亲们的交谈中，被排斥的感觉是一个被不断提及的话题。

> 我坐在那里，心想……你一上午身体都不舒服，我为了照顾你累得不行，但没有人问过我好不好，一个人都没有……男人看起来没有那么脆弱，也没有参与怀孕的过程，毕竟孩子不在我肚子里，不是吗？
> ——莱拉（6个月）的父亲西奥

令人惊讶的是，在英国乃至全世界都推崇父亲作为育儿团队成员和母亲一起全面参与怀孕和分娩的前提下，这些案例都是最近发生的。世界卫生组织（World Health Organization）和联合国（United Nations）等权威机构发布了大量报告，一再强调父亲应全面参与怀孕和分娩的过程和决策，因为这对母亲、孩子以及父亲自身都是有益的。事实上，近期的一些研究指出，父亲全程参与产前保健和分娩不仅有益于母婴健康，也有益于新家庭的健康发展。然而，报告对现实生活中的做法几乎毫无影响。不仅我在英国访问过的男性表示感觉自己像个旁观者，在整个西方文化中，这都是个显著的问题。通过对英国、瑞典、美国、日本、南非和新西兰等9个国家的准父母的怀孕和分娩经历进行分析后，英国切斯特大学（University of Chester）的助产学教授玛丽·斯蒂恩（Mary Steen）对父亲的整体体验进行了总结，指出他们处于一种病人与探病者之间的真空地带：他们没有经历需要医学干预的生理过程，因此算不得病人，但也不是来医院探病的人。他们正与伴侣共同经历足以改变人生的事件，但他们自身的体验却没有获得医学界的定义，因此没有人真正清楚应该如何为他们提供支持，无论是情感上还是身体上的。斯蒂恩讲述了这样一件事：分娩过程中，一名父亲被要求站在角落里"不要插手"。她因此得出结论，如今男性虽然经常走进产房，身处其中，却仍然有被排除在整个过程之外的感受。参与我研究的父亲们的经历同样说明了这样的现状。

我们带着孩子回家以后，助产士会来，健康随访员也会来，但就算我在家，他们也不会理睬我，就像我不存在一样。我认为父亲没有获得任何真正的支持。假如在任何一个阶段出了问题，都不会有人帮助父亲。健康随访员来的时候，没有人问我："你感觉怎么样？"凯特与健康随访员交谈的时候，我感觉自己几乎就像个闯入者一样，就好像是，"嗯，你也在这儿啊？那好吧。"好像他们不知道拿我怎么办似的。可我怎么不该在这儿呢？他也是我的儿子。

——哈利（6个月）的父亲戴维

为什么医疗健康专业人士对待准爸爸的方式很重要？怀孕和分娩期间，他们在心理而非生理方面发生重大变化却得不到帮助的情况为什么令人担忧？其原因有二。第一，对怀孕和分娩过程参与性强的准爸爸在孩子出生后成为尽职的父亲的可能性更大。针对社会各阶层和族群的父亲进行的大量研究表明，从孕早期就让准爸爸参与进来，能够逐渐培养出一种在孩子出生后也会自然延续的习惯。对准爸爸来说，这一点很重要，因为一个他已经产生认同感的角色能够使他向父亲过渡的过程更加顺利，也会对母亲和孩子造成重大的积极影响。为确保准爸爸有参与感并鼓励他们承担父职，医疗健康和社会福利专业人士可采取的主要方式之一就是认可他们作为重要参与者的身份，这也是最易行的方法。这种方法简单而低成本，能够保证准爸爸参与所有与孩子有关的讨论，让专业人士了解他们的健康和心情，倾听他们的疑问和担忧，在孕期及产后给予他们支持，使他们有能力开启为人父之旅。我们这些研究人员以及为父亲奔走的人们需要的只是一种把这一理念传播出去的行之有效的方式。

准爸爸需要在准妈妈怀孕和分娩期间获得认可的第二个原因在于，在向父亲角色的过渡中，男性的表现除了受到与伴侣关系质量的影响之外，还会明显受到医护人员态度的影响。与母亲长达9个月的过渡期相比，男性成为父亲的转变则需要更久，可能持续到产后2年，这就意味着父亲需要帮助的时间可能比母亲更长，其间还会出现一些可能给父亲带去严重困扰的关键转折。这些转折大多出现在产后几周，那时父亲可获得的专业和个人资源可能是最匮乏的。这些重大转折事件包括分娩、随之而来的产褥期以及回归工作。对许多男性来说，分娩是会带来巨大情绪冲击和切实后果的事件，他们不仅需要处理好自己的心理和情感体验，还得在产房里找到自己的实际定位。在一些文化中，拟娩仪式是应对这个阶段的典型方式，对父亲该如何缓解焦虑情绪做出了明确的指引。无论是在历史上还是当代非工业化社会中，如在西班牙的巴斯克（Basques）地区和澳大利亚的原住民社会，都有记载表明男性存在对孕期伴侣的模仿行为——停止工作，模拟腹部隆起的状态，在伴侣分娩当天躺在床上模拟分娩的声音和动作。重要的是，与西方的父亲不同，这些男性中的许多人虽然会在伴侣分娩时被拒之门外，却依然能通过这种公开的表现方式确保自己的参与度并巩固与妻儿的关系。在西方，由于缺乏此类公开的仪式，在伴侣分娩期间定位自己的角色成了父亲面对的最大困难。对第一代走进产房的父亲来说，几乎不存在可供遵循的传统或模仿的对象。

毫无疑问，无论如何我都会待在产房里，绝对会。我妈说她想来医院陪我们，但我们说："不用了，你不用过来，这是属于我们的时刻，我们希望单独度过。"所以，我是一定会在那儿的，别的地方哪儿也不去。我也不会昏过去！虽然在女儿出生之后，我还是坐下来发了好一会儿呆……

——莉比（6个月）的父亲尼尔

英国政府的最新统计数据表明，96%的父亲在孩子出生时陪在他们身边。准爸爸陪伴准妈妈分娩的行为无论对父亲还是整个家庭来说都是一件极为有益的事，能够提高父亲长期陪伴孩子的可能性，认定生产是伴侣双方的共同体验，并有助于尽早建立父亲和孩子之间的情感纽带。对我访问过的父亲来说，看到孩子的第一次呼吸，听到孩子的第一声啼哭，是足以改变他们人生的难忘时刻。对许多男性而言，陪伴侣分娩可以使他们拥有许多重要的"第一次"——第一次把孩子抱在怀里，或是第一次换尿布——这会让他们感觉和孩子共同拥有了一份独一无二的经历。我访问过的一名父亲弗兰克提到，他妻子的分娩过程相当艰难，在产后需要接受治疗，而在一片压力和难题之中依然出现了一丝安慰：他是第一个抱起孩子的人，还与他共度了专属于父子二人的1个小时。

（孩子出生后）有很多棘手问题要处理，但在那段时间里是我负责照顾他。那确实是一次非常特别的体验，因为我有1个小时和他第一次建立特殊的情感纽带，我对着他说话来着……

——汤姆（6个月）的父亲弗兰克

弗兰克的经历反映了大多数男性的情况，甚至包括客观看来伴侣经历了最顺利产程的那些。在这段时间里，新手父亲会出现一系列极为矛盾的情绪，经历像过山车一样的情绪起伏。产程开始时的兴奋很快变成了对不可知、不可控的未来的焦虑。他们一边想为了伴侣变得更加坚强，一边却因为眼看着爱人受苦而痛苦不已，两种情绪形成了鲜明的对比。他们一边因为伴侣经受了最严苛的生理考验而自豪，一边又因为无法为缓解伴侣痛苦做些什么而感到沮丧。最终，孩子出生时强烈的如释重负和喜悦或许会被对孩子和伴侣健康的担忧取代，然后父亲会突然意识到，自己的关注要分给两个人了。

> 因为大家脑海中的情景都是：宝宝出生后被交给妈妈，妈妈躺在病床上抱着宝宝，这个时候爸爸过去拥抱她们，一家三口开开心心的。但是事实上，当时莉兹躺在床上动弹不得，波比在房间另一边接受医生的检查，那一刻我心里想的是，我该到谁那儿去？我当时的想法很坚定：我不想给任何人添麻烦，但是她们两个我都担心。
>
> ——波比（6个月）的父亲奈杰尔

对身处产后情绪旋涡中心的父亲来说，在身边忙前忙后的专业人士如果未能给他们提供支持，会让他们感觉自己是整个房间里最没有存在感的那一个。正如玛丽·斯蒂恩所言，父亲真正需要的是有人帮助他们找到正确的角色定位，然后在周围人的全力支持下扮演好这个角色，至于角色定位则可以完全由伴侣双方决定。伴侣双方可以经商议决定由父亲来做母亲的发言人，在她无法说话时替她表达需求与渴望，或是提供实际的帮助，如记录宫缩时间或给予身体上的支持，甚至可以在她分娩时用自己的身体给她借力。

> 我主动参与了分娩过程，而且非常享受这个过程：我是真的很高兴能帮上忙，比如抬抬腿什么的，这感觉真的很好……还有帮着剪断脐带。但有些时候我还是不忍心面对……有些地方让我不太舒服，我不得不背过身去。但是后来，到了最后，这一切都完完全全是值得的。
>
> ——莱拉（6个月）的父亲西奥

伴侣双方也可以决定不让准爸爸参加分娩过程。这些都是个人选择，在产前由双方自行决定，产房内外的各种人士只需不加任何评判地提供支持。

即使是那些角色转换相对轻松的父亲，在初为人父时也需要大量物质、情绪和知识方面的资源。在这么短的时间内要学的内容太多了，何况新生儿身上可能出现父母手上的育儿指南未提及的各种情况。看着孩子一天天长大——看他们第一次微笑、第一次自己坐起来、第一次牙牙学语、第一次蹒跚学步——是为人父母最大的乐事之一，但这也意味着孩子的变化非常迅速，父母得加快脚步才追得上。看到孩子迈出第一步是一件非常美好的事，但之后父母就要考虑把装饰品摆到孩子碰不到的地方去，还得解决楼梯护栏的问题，这些可就没那么有趣了。然而，在我这些年的研究中，绝大多数父亲都认为，随着时间过去,他们变得越来越熟练,也更擅长承担父亲的职责了。而且,父亲的付出会换回与孩子极为美妙的互动,原本的睡眠时长也会渐渐恢复!亨利的经历就非常典型。

> 我们的生活方式彻底改变了,变得更好了,但这是一个相当艰难的奋斗过程,简直像换了份工作一样。累得不行,大量苦差事,很多个不眠之夜……你越停滞不前,情况就越糟糕……什么都得学,第一次做爸爸,一切都是崭新的……我觉得,刚开始的时候,女儿就是一种责任,她就是个……也许"负担"一词并不合适……照顾她非常辛苦,我认为想在孩子一出生就和她建立感情并不容易……我记得,当时我总想着"你又害我在这个时间起床,又让我干这个",其实是带着很强的消极情绪的。但随着孩子逐渐长大,一起玩耍的机会越来越多,看到孩子发展出个性,感情就逐渐培养起来了。
>
> ——露比(6个月)的父亲亨利

事实的确如此。就像亨利一样,为人父的经历会挑战你的极限,使你深入挖掘出此前连自己都不了解的身心潜力。但是,对部分父亲来说,产前和产后这段时间尤为艰难,正如科林所言:

> 你确实会有点儿沮丧,情绪低落,因为生活不再是以前的样子了。你开始有点儿怀疑自己,怀疑要孩子是不是个正确的选择,怀疑自己到底是不是擅长做父亲。因为你

会想，这是我的孩子，我不该觉得这么累，我不该有这么多怨气。你还会感到焦虑和怀疑，因为你要保证自己的选择是对的，要确定自己是个好爸爸。

——芙蕾雅（6个月）的父亲科林

我们都非常熟悉母亲的产后抑郁现象。从孕期开始直到产后1年的时间内，母亲都会定期接受相关评估，旨在尽早发现产后抑郁症并进行治疗。产后抑郁症是一种会让人身心俱疲的疾病，对母亲、孩子及其家庭都会产生深远的影响。但是直到近期，也就是最近5年，人们才逐渐相信，父亲也有可能患上产后抑郁症。其实，唯有鼓励父亲尽职尽责，承认许多父亲和伴侣共同育儿的意愿，"做父亲是和做母亲同样深刻的体验"这一观念才能得到关注和讨论。但是，现在我们知道，父子之间的情感与母子之间的一样深刻。在孩子的成长过程中，父亲能起到与母亲不同的独特作用。父亲的激素水平也会产生与母亲类似的变化。以上种种事实均表明，父亲和母亲一样，都有可能因为这一关键生活转折而出现心理健康问题。马克的经历并不罕见。

第一周我兴高采烈，想着"看看我的成果"。这感觉是很棒，但之后，我觉得我也开始产后抑郁了。我心想，等一下，她好像没有回应我。听起来有点儿奇怪，我觉得好像我和宝宝不太合得来。我觉得我什么都做不好。

——艾米莉（4岁）和乔治（3岁）的父亲马克

虽然对父亲心理健康的研究刚刚起步，但现有研究成果足以使我们对男性产后抑郁的情况有所了解。澳大利亚凯斯林大学（Australian Catholic University）的凯伦-莉·爱德华兹（Karen-Leigh Edwards）及其同事在世界范围内对产后抑郁症的63项研究进行了总结，于2015年发表了结果。他们发现，产后抑郁症在母亲中的发病率为14%，在父亲中的发病率约为10%，显著高于非父亲群体中的7%～8%。这种情况表明，这些男性的心理健康问题与年龄或生活方式无关，而恰恰是孩子的出生导致的。更重要的一点在于，男性的产后抑郁症与女性的存在显著差异。对父亲来说，关键的风险因素是母亲是否患有产后抑郁症（这种情况被称作"共病"），以及父母之间关系的质量。此外，感觉自己被排除在母婴关系之外，对父职的期望与现实存在巨大落差，需要平衡家庭和工作以及财务负担等因素，这些都提升了父亲的患病风险。与母亲相比，患有产后抑郁症的父亲往往会感到更焦虑，攻击性更强，在育儿过程中出现的疑虑和失败感更强。这些问题会导致他们脱离家庭，转而进行自我疗愈——通常是借助酒精或药物来缓解症状。在对父母孤独感的研究中，芬兰图尔库大学（Turku University）的妮娜·云蒂拉（Niina Junttila）及其同事发现，父亲的情绪性孤独与社会性孤独水平和抑郁之间存在很强的关联。患有产后抑郁症的男性更易出现缺乏社交、缺乏支持以及夫妻关系疏远等问题。父亲所患产后忧郁症的病程也与母亲的不同。对母亲来说，患病风险最高的关键阶段是产后1年，但对父亲来说，孩子1岁时是患病风险开始上升的重要节点，这也是父亲身份转变的中点。或许对部分父亲来说，这可能是因为成为父亲第一年累积的压力已经让他们无法承受。

对父亲来说，由于社会对男子气概和心理疾病的普遍态度，再加上针对父亲身心健康医疗服务的缺乏，承认产前或产后出现的心理健康问题并进行应对并不是一件容易的事。在 2017 年的一项研究中，英国利兹大学（University of Leeds）医疗保健学院（School of Healthcare）的佐伊·达尔文（Zoe Darwin）采访了 19 位在围产期（包括孕期、分娩与产后第一年）出现心理问题的父亲。她发现，父亲总是不愿承认自己的感受，认为自己的心理问题不是抑郁或者焦虑，只是因为压力太大。他们觉得自己没有权利感到消沉，也没有资格向医护人员求助。他们会认为自己对不起伴侣和孩子，并出现罪恶感。如果不得不求助于本就有限的专业资源，他们会感到更内疚，认为自己挤占了原本提供给伴侣的资源。而那些想寻求帮助的人会感到无所适从，因为他们和医护人员并不熟悉，最多是在陪同伴侣产检时打过照面。他们觉得自己没有做好成为父亲的准备，之前在工作中采用的压力应对策略，如分散注意力或回避等，如今都无法减轻他们的消极感受。他们本应是保护者，如今却成了被保护者，这让他们觉得自己不算个"真正的男人"。然而，在缺乏专业支持的情况下，男性的确也找到了一些帮助他们度过最艰难时期的方法。有趣的是，一些人会提醒自己，作为压力来源之一的新生儿导致的生活剧变具备一种优势，即随着孩子迅速成长，困难的阶段不会持续太久。还有些人发现，安排一些特定的亲子共处时间是有用的——单独和孩子培养感情的机会有助于父亲提高育儿能力，适应新角色，孩子的笑脸和笑声对他们也有很强的提振情绪的作用。还有些人则发现，参加体育运动或寻求现有社交网络中朋友、家人或者同事的建议和支持有很大帮助，能使他们在某些机械重复的育儿工作中找到喘息之机，并让他们知道这些体验都是正常的。科林是我访问过的父亲中被诊断出产后抑郁症的一个。

> 我最近因为压力被停职了，这种情况以前从没出现过。我从来没有被停职过。我休息了两个星期。这可能也是我的错，因为我在她出生时刚获得一份新工作。新工作加上新生儿，真是够我受的了。我在工作上要负责很多事，回到家又有一大堆活儿，全都赶在一起了，所以我感到非常焦虑和沮丧。但是，这些是压力造成的，因为我的负担太重了。肯定和家里的情况也有关系，因为我缺乏睡眠，精力也大不如前，影响了工作。我的工作任务增加了，记忆超负荷，上班的时候记不得要做什么，路走到一半就忘了要去哪里。所以我当时的情况很糟糕，那段时间简直就是一场噩梦。
>
> ——芙蕾雅（6个月）的父亲科林

作为学术界的代表，我们才开始了解英国父亲群体中心理问题的严重程度，而英国政府和社会的反应就更滞后了。身为这一领域的专家，我会定期受邀在广播和电视节目中谈论男性产后抑郁症的"存在"。尽管这是个热门新闻话题，但是据我观察，民众的反应大多缺乏同理心，总体上是一种"这些男人该自己振作起来，别再抱怨了，孩子又不是他们生的"心态。这种反应的狭隘令人沮丧，而且可以想象，换了女性陷入同等困境，民众会显示出更强的同理心。父亲患产后抑郁症的情况是真实存在的，而且会造成相当严重的后果。产后抑郁症对父亲自身的后果显而易见，而这种问题如果无法获得他人的关注和帮助，也会危害孩子的成长、家庭的幸福和凝聚力，并对社会造成损害，因为患抑郁症的父母可能导致孩子产生反社会行为和成瘾行为，需要社会提供治疗和加以管控。因此，一些研究人员认识到，唯有借助经济学，我们才能根据父亲们的需求提供支持。因此，他们尝试用金钱来量化父亲的心理健康问题造成的后果。

英国孕产妇心理健康问题导致的直接长期成本约为每年66亿英镑[1]，其中的60%被用于处理母亲的心理健康问题对儿童成长造成的不良影响，例如要覆盖额外行为和教育支持服务的成本，或因反社会行为产生的执法和司法成本。由于父亲对孩子成长具有独立影响，且对孩子的社会行为与长期心理健康负有特殊责任，因此，父亲的心理健康问题导致的成本与母亲的大致相当。在澳大利亚，仅2012年一年，父亲的产后抑郁症就导致了1,800万澳元[2]的社会成本。在英国，来自约克大学（York University）、华威大学（Warwick University）和牛津大学的团队——其中就有我的同事、精神病学家保罗·拉姆钱达尼

---

[1] 约合542亿元人民币。——译者注
[2] 约合8,323万元人民币。——译者注

（Paul Ramchandani）——率先对此领域开展了研究。根据最保守的估算，每一位患有产后抑郁症的父亲都会导致英国国家医疗服务体系（NHS）多花费158英镑[1]。这个金额与66亿英镑相比或许不大，但考虑到约有10%的父亲患有产后抑郁症，而这笔支出只涵盖药物和诊疗费用，并没有将任何专门针对父亲群体的干预手段纳入统计，也不包括父亲的心理健康问题在儿童成长中导致的成本以及司法管控和社会福利方面的支出，实际的花费可就是个大数目了。

那么，我们能做些什么呢？既然当下缺乏的是主要针对父亲的具体干预措施，我们只能依托现有的产前和产后教育系统来尝试帮助父亲寻求支持。近期，澳大利亚心理学家霍莉·罗米诺夫（Holly Rominov）、帕米拉·皮尔金顿（Pamela Pilkington）、丽贝卡·吉亚洛（Rebecca Giallo）和托马斯·韦兰（Thomas Whelan）对父亲心理健康现有干预手段的效果进行了整合分析，评估出预防男性产后抑郁症的最有效方式。他们发现，最有效的方式之一就是培训父亲为孕期和产后的伴侣以及刚出生的孩子按摩。父亲在产前课程中通常都会学习按摩方法，以提高对伴侣怀孕过程的参与感。而在他们经常感到被排斥的产后几周，他们也能借此找到自己在新生儿生活中的专属定位。罗米诺夫及其团队还发现，按摩的好处不止于此。不断有研究表明，按摩有助于减轻父亲感受到的沮丧和焦虑。借助神经科学领域的知识，我们发现，父亲、孩子和母亲显然都

---

[1] 约合1,297元人民币。——译者注

能从这些互动中获得神经化学奖励,实现全面共赢的局面。触摸能够促进多种令人快乐的化学物质,如催产素、多巴胺和β-内啡肽的有效释放,而父亲大脑中这些具有积极效果的化学物质的大量释放,可以抵消压力激素——皮质醇的作用,改善父亲的心理健康状况。从心理学角度看,学习这样一项技能有助于父亲增强对自己为人父能力的信心,提高其自尊心。

霍莉及其团队发现的另一种对父亲心理健康最有效的干预方式是传统产前课程,不过需要加一个限定条件——专门为男性提供的。与伴侣一起参加产前课程以了解怀孕、分娩和婴儿护理的准爸爸并不少见,但在大部分情况下,他们在课上扮演的都是一种支持性角色。尽管如此,还是有越来越多的人认识到,专门为男性提供的产前课程对准爸爸帮助很大。在这个全球经济紧缩的时代,此类课程寥寥无几,但即使常见的伴侣产前课程和专门面向男性的课程的比例悬殊到6至8比1,后者也能对男性心理健康产生深远的影响。参加这些课程后,男性便能学习抛开"情绪绝缘体"这样的刻板印象,畅谈他们的恐惧和焦虑,专心学习做父亲的技能,提出那些他们因为怕丢脸而在准妈妈在场时问不出口的问题。如果培训师能够视情况邀请一些有经验的父亲来到课堂上,效果会更好,因为男性显然在向同胞提问并征求建议时感到更自在。这就意味着,有时候,他们或许能在最意想不到的地方找到支持。

"狮子理发师联盟"(Lions Barber Collective)是一个创立于英国的国际组织。该联盟由一群顶级理发师组成,旨在解决男性自杀率较高这个令人担忧的问题,并提高男性对保持心理健康的意识。多年来，我们一直希望能够帮助那些深受心理健康问题困扰的男性，却不知道如何接触到他们，也难以找到合适而有效的方式来鼓励男性讲述自己的经历。"狮子理发师联盟"的全部成员都接受过心理健康支持训练。该联盟之所以效果显著，是因为它利用了男性与熟悉的理发师之间建立起的密切、长期关系，再加上理发时聊天内容的私密性，使得男性能够打开心扉，畅谈自己生活中的苦恼。这种方式的另一个优势在于，理发师通常处于一名男性的社交圈之外，因此顾客无须粉饰自己的经历以保护谈到的其他人。"狮子理发师联盟"已经获得了大量关注，它也的确配得上这些关注，因为这种方式行之有效。该联盟承认，男性很难主动寻求外界帮助，他们需要的是日常生活中较易获得的帮助，而且他们更愿意和朋友或熟人，如理发师和运动队的队友聊天，反而不愿和心理健康专业人士对话。虽然这一模式并非专门为围产期男性提供，但我们能以其为模板，试着为父亲提供他们急需的支持。

我们对父亲心理健康的了解在不断增加。正在我写作本章时，美国南加州大学（University of Southern California）的一项最新研究证实了一个长期以来的猜测：与母亲的产后抑郁症相同，激素也是父亲产后抑郁症的原因之一。对父亲来说，虽然为人父后睾酮水平的下降有助于他们把精力投入家庭，但这也提高了他们罹患产后抑郁症的风险。众所周知，较高的睾酮水平能预防抑郁症，而该项研究发现，睾酮水平最低的男性最易出现抑郁症状。对处于这种情况中的男性来说，这不是个好消息，但我们的了解越多，就越有机会找到预防和治疗产后抑郁的方法。对我们这些研究人员来说，挑战在于如何整合这些知识并对其进行普及。我们如果想进一步阐释为男性提供有针对性的支持和干预措施的原因，或许可以采用经济学的语言，而非仅仅从同理心的角度出发。目前，大部分研究侧重于预防而非治疗。尽管缺乏专业帮助，男性在产前和产后还是可以采取很多自我心理保健措施，例如可以利用现代科技手段建立自己的支持网络。

> 我加入了一个社交网络群组。那里特别棒，很多爸爸会分享各种信息，有打卡报到的，比如"我是杰夫，我刚搭了个狗窝，我还做了这个那个"，还有讨论生活难题的，比如离婚后如何维持亲子关系。我在里面总能找到处境相似还能产生共鸣的人。真的很有用。
> ——罗茜（18个月）和另一个未出生孩子的父亲本

如果你是一名准爸爸，9个月的孕期是与伴侣谈论你对产前、产后乃至将来如何扮演父亲这一角色的想法和担忧的绝佳机会。你们可以在这段时间好好聊一聊该如何分担育儿责任，预想会在什么情况下出现冲突，你们又会如何一起解决。你还能利用这段时间提高自己的按摩水平，并建立一个由朋友、家人、专业人士、同事和网络社区构成的专属支持网络。如今，为父亲提供线上支持的互联网社区越来越多，包括上文中的本在内的许多男性都认为，这些社区提供了非常宝贵的帮助。

经过一段长得不可思议的孕期，突然之间，你的孩子出生了，好多人在产房里进进出出，到处都是血，然后你看到宝宝的头露了出来。你还在那里惊叹"天啊"，他就已经来了。那时我只想告诉每个人我当爸爸了，那是个非常令人骄傲的时刻。是的，那是个非常令人骄傲的时刻，我终于等到那一天了……当时我能做的不多，只有把他抱在怀里。我想告诉所有人："你们看，我是个骄傲的爸爸。"

——艾登（6个月）的父亲扎克

不同的父亲在产前、产后可能遇到的部分问题或矛盾冲突是非常个人化的，但我在研究中发现，还有一些问题是具有普遍性的。最开始紧张的几个月里，许多父亲可能难以找到与孩子培养感情的空间，尤其是在产后整个漫长的哺乳期里，孩子可能都要待在母亲身边。对父亲来说，了解自己的感受非常重要。在这一阶段，部分父亲满足于只做母亲的协助者，知道自己总会有时间陪伴孩子；但还有一些父亲发现，找到父子之间的专属活动，一般是洗澡、夜间喂奶或睡前按摩等，对父子关系的培养是很有效的。虽然现在有的医院会提供家庭房，允许父亲在母亲产后住在医院里，但这样的医院还是少之又少。孩子一出生，许多父亲只能出去过夜，待在凌晨3点的医院停车场这种荒凉、阴冷、极不舒适的地方。对部分父亲来说，分娩这种带来强烈冲击的场面、家中多一口人的喜悦和伴侣转入病房后自己只能出去过夜的鲜明对比，让他们感到很难接受。我们对这类父亲的建议是：如有可能，找一个无论何时都能和你打电话聊一聊的人，或者在出院后尽快去和对方见面，这样就有人能和你一起庆祝、反思、欢笑和哭泣，为你提供急需的饮食了。无论你的计划如何，你都需要和医疗保健人员打交道，因此可以事先和伴侣谈一谈该如何向他们提出要求，以保证你们两个人的需求都得到满足，担忧都得到回应，而你作为父亲也能得到相应的支持。

* * *

> 我完全没有预料到的一点是，我发现她真是非常非常有趣。我在说她的反应。对她来说，一切都是美好、新奇和令人兴奋的。她好像永远都不会厌倦一样。真的，我们互动的时候，她总是会做出一些事，逗得我哈哈大笑。
> ——波比（6个月）的父亲奈杰尔

对大多数男性来说，初为人父的体验虽然有时很不容易，却充满快乐和幸福——透过孩子的眼睛重新观察生活后获得的快乐，下班回家后有孩子灿烂的笑容和张开的怀抱迎接的快乐，还有两个人在这段关系中共同学习的快乐。本是18个月大的罗茜的父亲，他即将迎来第二个孩子。请记住本对所有准爸爸和准妈妈都有帮助的建议。

所有考虑生孩子的男性朋友，我是绝对支持你们的。做父亲是一件百分之百美妙的事情。它会改变你的世界，照亮你生活中的一切，给你早上醒来后从床上一跃而起的理由。如果我发现罗茜也醒了，那就太棒了。权衡一下利弊后你就会发现，利完全是压倒弊的。的确，换尿布和夜里被吵醒会让你很累，但你的孩子脸上顽皮的微笑比什么都值。我非常非常喜欢做父亲的感觉。

通过霍莉·罗米诺夫对婴儿按摩和男性产前课程的研究，我们了解到，即使不进行大量投入，父亲也可以通过一些微小的举措来缓解心理问题，比如抽出时间远离家人，独自做一些喜欢的事情；为孩子和伴侣按摩，沟通感情，舒缓情绪；在现实中或网上构建支持网络，与其他父亲分享自己的感受，获得他们的认可和支持。如果心理问题令你不堪重负，那么，适用于其他心理障碍的疗法同样适用于你。你可以去和专业人士聊一聊，比如助产士、健康随访员或全科医生等，这通常是踏上恢复之路的第一步。

最重要的是，要防患于未然。在预防的过程中，我们每个人都能起到一定的作用。在西方社会，拟娩仪式的传统或许已经不复存在，但随着父亲和孩子的关系日益亲密，或许我们需要建立一整套新的传统，在父亲努力顺利走过这段改变人生的旅程的时候，给予他们认可和支持。我们至少要承认，孕期和产期同样会对准爸爸产生影响。如果你阅读本书是为了更好地了解和支持你的伴侣或朋友，请花些时间问问他过得怎么样，带着同理心倾听他的回答；或是提出帮他照看孩子，让他好好休息一下；或是把一群有经验的父亲和缺乏经验的准爸爸召集起来,在给予彼此支持的氛围中提出问题并进行讨论;或是让他开动脑筋,想一些可以在和孩子一起洗澡时玩的游戏。从孩子出生或是被领养的那一刻起,伴侣两人便踏上了为人父母之路。让我们一起支持他们,和他们一起庆祝吧。

第 5 章

各种各样的父亲

父亲的灵活性和子女的生存

下面我将介绍4名不同的父亲。

奥塔是居住在刚果民主共和国繁茂的森林深处的阿卡（Aka）部落的成员。阿卡人以狩猎和采集为生，用网捕猎森林中的小型动物。网猎需要全家出动，孩子们也会跟着父母到森林里打猎。由于全家人总是待在一起，奥塔会和妻子一起照顾孩子，也会像妻子那样唱歌给孩子听，安抚孩子，给孩子喂食或洗澡。实际上，他与孩子一起睡觉的情况比妻子还要多。在等待妻子抽空喂奶的时候，他甚至会让啼哭的婴儿吸吮他的乳头。

迈克是美国波士顿的一名商业律师。他的工作时间很长，在工作日几乎见不到孩子，但他努力赚取高薪的目的是让孩子们接受私立教育，并在城里的富人区居住。作为本地乡村俱乐部的成员，他会在周末带年纪较小的孩子们去游泳俱乐部，而带大儿子去跟他的同事打高尔夫球。

斯吉思是居住在肯尼亚高原上的基普斯吉思（Kipsigis）部

落的成员。基普斯吉思人是务农的民族,主要生产的作物是茶叶。斯吉思把养家糊口视为自己的主要责任,很少花时间陪伴幼年子女。但在儿子们进入青春期以后,他会开始教他们务农,为他们在成年后接手家里的耕地做准备。到了那时,他就会把大部分闲暇时间花在儿子身上,而把正值青春期的女儿交给妻子教育。

詹姆斯居住在英格兰西南部的萨默塞特郡(Somerset),是家里3个孩子的主要照料者。他的妻子在布里斯托尔(Bristol)工作,是一名事业有成的公关主管,经常跨国出差,因此主要负责照料孩子的生活起居并提供情感支持的是詹姆斯。詹姆斯不仅要接送两个年龄较长的孩子上学放学,还要做家务。他能熟练安排孩子课余时间的芭蕾课、足球课和儿童聚会,不仅会为孩子准备茶点和辅导作业,还积极参加学校里的家长和教师协会组织的各项活动。现在,因为家里年纪最小的孩子每周有4天早上要去上学前班,他计划居家办公,做一些校对工作。

上文中,来自世界上4个不同地区的4名不同的父亲在用4种截然不同的方式履行父职。你认为谁做得更好?在本章中,我将探讨世界各地父亲职责多样性的成因,介绍做父亲的不同方式,希望能做到以下两点。第一,我希望那些即将成为父亲的男性能了解,并不存在所谓做一名尽职的父亲的"正确方式",希望他们能感到安心。第二,我想告诉父亲们,虽然方式是多种多样的,但对所有的父亲来说,无论选择哪种独特的方式,本质都是出于一个共同的潜在原因,那就是确保子女生存的强大动力。作为父亲,你们或许各有差异,但你们终究都是同一家"父亲俱乐部"的成员。

身为一名父亲,你不受怀孕、分娩、哺乳等生理过程的限制,但本书前几章已经表明,你在家庭中最终扮演的角色会与最初自由选择的不同。你的一部分行为受演化史和生物学影响,还有一部分是所在地的社会、文化以及政治环境塑造的。如果我们考虑到在当代父亲生活的不同环境中,社会制度呈现明显差异,如婚姻制度可能从一夫一妻制到一夫多妻制,政治倾向可能从极右到极左,继承制度可能从父系到母系再到平等继承权,经济制度可能从资本主义、社会主义、以物易物到自给自足,那么,世界各地的父亲似乎有无数种履行父职的方式这一点也就不足为奇了。如果再综合考虑历史、宗教和政治因素的影响,以及个人成长背景和基因方面的差异,履行父职的方式如此多样化,更是再正常不过了。

父亲角色的灵活性对人类的存续而言至关重要,这是因为怀孕、分娩和母乳喂养会消耗大量食物和体力,使人类母亲的角色受到了严格限制。与母亲相对,父亲的角色需要具备灵活性,以迅速应对社会、经济或者自然环境中任何可能威胁家庭存续的最微小的变化。这就意味着,父亲的角色不仅在不同文化中大不相同,在家庭内部、邻里之间同样存在显著差异,甚至在同一名男性的一生之中也会发生明显变化。这种情况会导致两个后果。第一,在从自己的父亲、隔壁邻居或者大卫·贝克汉姆等父亲身上吸取灵感的时候,最好不要过多地拿自己和他人做比较,因为影响你自己的孩子生存的因素和你用来参考的父亲们面对的情况是不同的。第二,在明显相似的环境中,不同的父亲也会想出截然不同的方法来解决生存难题，因为他们生活中的其他方面并不相似。因此，对我在本章开头提出的问题而言，答案的重点并不在于谁做得最好，而在于所有父亲为了应对同一个难题，通过种种有趣的方式获得了不同的解决方案。

还记得第 3 章中的亚契父亲吗？与前文提到的阿卡人一样，亚契人也通过狩猎和采集获取食物，但与阿卡父亲不同的是，亚契父亲很少亲自照顾孩子。亚契人的社会饱受战争蹂躏，挣扎求生是像日常养家糊口一样的基本需求。相比之下，阿卡人居住在热带雨林深处，食物丰富，外敌较少，是一片奉行平均主义的乐土。阿卡族男性是世界上最亲力亲为的父亲，平均会把每天 47% 的时间投入照顾和陪伴孩子中。因此，虽然两个部落的经济形态都是仅够维持基本生活的自给自足式，但其履行父职的风格却迥异。这两种社会环境天差地别，因此保证后代生存的行为也大不相同。一边，因为生命不会受到直接威胁，阿卡族男性会带着一家人外出打猎，与伴侣共同抚养子女，并向子女传授重要的生存技能——狩猎。子女会从父母身上均等地学到狩猎技巧。另一边，如果没有多名父亲的主动保护，亚契人的孩子有可能面临无法活到成年的重大风险。两个民族的父亲们拥有一个共同的目标，却采用了两种截然不同的方法来达成。

哈佛大学（Harvard University）的人类学家罗伯特·莱文（Robert Levine）指出，世界各地的父职行为出现差异的潜在原因大多是环境风险因素。归根结底，所有父亲都关心后代的生存和未来成就，但他们主要采取什么措施来提升后代的生存率则受到了环境的影响。莱文表示，父亲会"有意识或无意识地做出调整，来适应环境中对实现自己身为人父的目标有利或有害的方面"。环境中条件不同，社会存在差异，决定了做父亲的方式也不同。在高风险环境中，无论风险来自战争、野兽还是疾病，父亲的主要角色都是确保孩子的生存和健康。莱文认为，这是最基本的第一层。在生存风险较小但经济较为贫困的情况下，我们就来到了第二层：既然不必担心孩子的生存，父亲的首要任务就是传授给孩子足够的技能，使他们在长大成人后能够实现经济方面的自给自足。最后，在经济状况较有保障的第三层，父亲就会关注孩子的社交、智力和文化发展。因此，莱文认为，在成员以狩猎采集或务农为生、挣扎于生存边缘的社会中，父母都会在孩子出生后前几年耗费大量人力和物力来抚养孩子，让后代顺利度过这段死亡风险较高的时期。与之相比，工业化国家的家庭则意识到，他们必须为孩子的未来做长久打算。父母双方必须做好准备，为孩子持续投入时间和金钱。人们经常取笑中产阶级父母煞费苦心地开发子女的智力，培养子女的社交能力，让子女充分利用受教育的机会的做法，但在这些行动背后却存在一个非常严肃且生死攸关的使命：帮助孩子做好准备，使其在成年后能够从竞争激烈的社会和经济环境中脱颖而出。

那么，现在终于可以问这样一个问题：莱文的层级模型如何帮助我们理解做父亲的不同方式？让我们再回顾一下奥塔、迈克、斯吉思和詹姆斯迥异的育儿方法。奥塔和斯吉思都生活在威胁较少的环境中，战争和疾病暴发的概率相对较低，但他们的经济状况较为严峻：奥塔的家庭勉强度日，需要每天外出狩猎才能生存；斯吉思也承受着巨大压力，必须用一片环境日趋恶劣的茶园为市场提供足够多且价格有竞争力的茶叶。在日常生活中，奥塔和斯吉思关注的主要是莱文模型的第二层，即确保孩子掌握足够的技能，使他们在成年后能够自食其力。因此，奥塔的孩子都会观察并参与家庭网猎活动。而斯吉思由于生活在一个很大程度上由男性主宰的社会里，儿子成了他传授技能的主要对象。

相比之下，迈克和詹姆斯生活在安全而经济状况稳定的环境里。对他们来说，孩子长大后会进入一个暗藏危险的复杂社交环境。在许多人看来，在这样的环境里获得成功不仅与自身努力有关，就读的学校、打高尔夫球的同伴以及开的车型也都会产生影响。能够带来机遇的关键因素有两个，一是你交往的对象，也就是你认识的人和你所在的圈子；二是金钱。迈克或许没有次次帮孩子洗澡或陪他们运动，但是他知道，通过赚取高薪，把孩子送进好学校，以及让大儿子观察高尔夫球场上的社交与商务往来，他就是在为孩子未来的成功人生打基础。孩子们花在乡村俱乐部里的时间能让他们结识有价值的交往对象，养成正确的行为习惯，被这个圈子的成员接受。詹姆斯虽然不是家中的主要经济支柱，但他与迈克做的事是类似的。他把孩子送到课后俱乐部，支持孩子练习社交，积极参与家长和教师协会的活动，承担辅导作业的任务，通过这些方式来支持孩子的学业。上面两位西方父亲的行为表明，在他们生活的环境中，对孩子来说，最大的风险是无法在复杂而等级分明的社交环境中如鱼得水。显然，如果你问一名父亲最担心孩子什么，他们不会关注那些他们已经习以为常的优势，而只会关注孩子可能面临的风险。对奥塔和斯吉思来说，生存的风险是物质方面的；迈克和詹姆斯担心的则是孩子能否在社交和学业上发挥潜力。如果你是一名父亲，那么你可以采用莱文的层级模型评估一下自己的情况，只需回答以下两个问题即可：你在家庭中的主要角色是什么？你认为孩子面临的最大风险是什么？请思考一下你的答案。

除理论之外，还有大量学术研究证实，父亲的角色的确关乎后代生存。许多学术研究肯定了父亲的存在与孩子的生存之间的联系。流行病学家詹姆斯·高迪诺（James Gaudino）、比尔·詹金斯（Bill Jenkins）和罗杰·罗切特（Roger Rochat）对当代美国佐治亚州的父职参与情况和婴儿死亡率进行了研究，从出生证明和死亡记录入手来探究二者之间的关系。他们将出生证明上有无父亲姓名视为是否有父职参与的标志，对出生证明写明父亲姓名和未写明父亲姓名的婴儿的死亡率进行了比较。值得注意的是，在佐治亚州，已婚女性可以选择是否在出生证明上注明父亲姓名，而未婚女性需要提前征得孩子父亲的书面同意才能这样做。无论母亲的社会经济背景和孩子的整体健康状况如何，出生证明上没有父亲姓名的婴儿在出生后第一年的死亡率是其他婴儿的 2.5 倍。这是个相当惊人的数字。高迪诺及其团队据此得出结论，认为这一数据证明了父亲对孩子的健康有着重要作用。

为什么通过数据找到父亲的存在与儿童的生存之间的关联是很重要的一点？首先，因为在第 1 章中我们就介绍过，人类之所以演化出父职行为，是因为父亲感受到了一种迫切需求。这让他们抛弃了不停寻找更多伴侣的生活，转而进入安定、平稳的家庭生活，以确保后代的生存以及人类的存续。其次，认为儿童死亡率与父职参与之间可能不存在关联的观点始终存在，也有人在此基础上提出，父亲的存在其实并没有那么重要。你或许已经发现，这种观点是我强烈反对的。社会学家丽贝卡·西尔（Rebecca Sear）和人类学家露丝·梅斯（Ruth Mace）于 2008 年发表的研究《是谁让孩子活下来？》（"Who keeps children alive?"）就是一个很好的例证。她们收集了在 45 个古代与当代人类社会中关于育儿角色的承担方与儿童死亡率的数据。正如人类演化史所料，所有社会中的数据均表明，母亲需要至少一名亲属的帮助才能成功地养育子女，但这个人最有可能是她的母亲，也就是孩子的外祖母，而非父亲。实际上，在她们的研究中，在只有三分之一的社会中，父亲对孩子的生存才表现出了积极影响。这似乎和"孩子的生存必须依靠父亲"的观点相悖，但我并不会急于改写本书第 1 章中的结论。首先，因为西尔和梅斯的研究对象大多是 5 岁以下的儿童，而很显然，西方的许多父亲都是从子女后儿童期到青春期，尤其是到了要对孩子进行教育的时候，才真正承担起父亲的角色——帮助孩子们做好准备进入广阔成人世界的至关重要的角色。西尔和梅斯的研究并未涉及这一时期。其次，罗伯特·莱文的模型足以表明，对生活在育儿等级第一层的父亲来说，确保孩子的生存才是最重要的。如果你是一名西方父亲，那么你的动机和行为会与其不同，而是以社交能力和经济能力为重心。这或许意味着西方父亲会满足于接送孩子这样的任务，而不需要勇敢地保卫孩子不受入侵者的伤害。

做父母意味着要承担不计其数的工作，西蒙对此深有体会。

> 我并不把做一名理想中的父亲当成目标，因为我觉得我需要同时扮演两个角色。我认为我既要养育孩子，又要陪在他们身边，（还得）教育他们，为他们定规矩，诸如此类的。我希望他们都能强大而勇敢。我总是跟他们说，做人最重要的是善良。
>
> ——黛西（6岁）和比尔（5岁）的父亲西蒙

有些任务非常实际，也很直接，比如做饭、换尿布、给孩子一个温暖的拥抱或者与孩子一起玩耍。其他任务需要亲自动手的程度较低，比如确保桌上有饭、壁炉里有火、家中安全。还有一些任务需要很多很多年才能看到成果，比如为子女未来获得重要的工作机会而发展人脉，或者为他们未来上大学而存钱。为了界定某个父亲或母亲承担的职责类型，我们可以对直接抚育和间接抚育进行区分。对孩子的照料、教导和抱哄属于直接抚育，都是需要父亲陪在孩子身边亲自动手做的事。而人身保护、食物供给以及社交网络建立等间接抚育可以远距离实现，但对孩子的生存来说与直接抚育同等重要。就在不久前，西方父母的育儿职责仍然存在泾渭分明的性别划分：父亲提供间接抚育，而母亲负责直接抚育。然而，随着20世纪80年代"尽职的父亲"理念兴起，二者的界线逐渐变得模糊。今天，理想的父亲应该兼顾直接和间接抚育，不仅能养家糊口，还要会准备食物，能喂到孩子嘴里，并给孩子洗掉身上的食物残渣。正如我们所见，无论是对家庭成员还是对整个社会来说，父亲提供直接抚育都是非常美好且具有相当积极的意义的，但这会导致父亲坠入一个曾经困住母亲的陷阱，让他们不但相信自己什么都应该做，更误以为间接抚育——做一名"旧时代的父亲"不如直接抚育。对那些受经济压力所迫而不得不在家庭和工作之间做出选择，把更多精力放在工作上的父亲来说，这可能会使他们感到自己没能履行父亲的全部职责，导致他们的育儿体验充斥着挫败感和负罪感。

（我想成为）保护者、老师、看护者。我什么都想做，真的。只要能确保他健康快乐地享受生活就行。我想带他探索这个世界。甚至在他出生之前，我就开始期待教他东西，带他认识各种事物，陪在他身边。

——哈利（6个月）的父亲戴维

我与准爸爸们谈到在孩子出生后他们希望自己扮演的角色时，绝大多数人都像戴维一样希望和伴侣共同育儿。他们希望和伴侣分担直接抚育的职责，并成为个中好手。他们希望能和伴侣一样，做孩子的看护者、养育者、安抚者和教导者。孩子出生后，他们依然抱有这样的希望。但对许多人来说，变幻莫测的生物学、社会和政治因素却让这成了一个可望而不可即的目标。毕竟，我们只要尚未在生殖技术方面取得巨大突破，男性都是无法生育，也不能进行母乳喂养的。因此，无论父母的个人意愿如何，在孩子出生后最初几周，大部分情况下主要还是由母亲负责照顾孩子，仅有极少数例外。这就意味着，母亲在负责大部分直接抚育工作的同时，是无力提供最重要的间接抚育形式——金钱的。因此，父亲通常是在孩子出生之后要尽快回归工作的那一个。尽管一些政党争先恐后地推行所谓向家庭倾斜的政策，从电视台常客到演员、运动员的无数名人一窝蜂地鼓吹真正的男人要亲自照顾自己的孩子的观念，但统计数据却给出了迥异的结论。在英国，2011—2012 年间只有 0.6% 的新爸爸选择申请产假，和产假中的妻子一起专心育儿。如今，选择做全职丈夫的英国男性人数在自 1993 年起的 10 年间翻了一番，为 22.9 万，然而，全职主妇的人数是 205 万。美国的人口普查数据显示，2014 年有 200 万全职丈夫，是 1989 年人口普查结果的 2 倍，更远高于 1970 年人口普查得出的数字——是的，在 1970 年的人口普查中，全美国只有 6 名男性认为自己是全职丈夫。

我在研究中发现，这些数字之所以低得可怜，并不是因为父亲们不愿意照顾孩子，而是因为他们面前横亘着两个无法跨越的障碍：一方面，政府政策由于缺乏资金支持而无法落实；另一方面，两性之间仍然存在明显的收入差距。这就意味着，父亲在家照看孩子、母亲返回工作岗位的方式是许多家庭在经济上无法承受的。

现在男性可以休产假，我想应该是3个月，但是没有收入，只有法定津贴，反正是少得可怜。收入这么低，意味着他们根本没想鼓励你这么做。我觉得，既然大部分男性都是负责养家糊口的那个，那么女性可以根据公司情况拿半薪或者全薪休好几个月的时候，男性有什么动力放弃薪水去休假呢？我认为政府只是嘴上说说，没真上心。如果不是日子这么艰难，津贴又这么少，我本来还是想休产假的。

——芙蕾雅（6个月）的父亲科林

如今的男性或许希望做一个尽职的父亲，却还没有失去保护孩子和养家糊口的本能，也就是说，对父亲来说，自己留在家里照顾孩子需要冒的毁灭性的经济风险等同于巨大的生存风险。最重要的是，许多男性面对着一种似乎无法撼动的职场文化：它要求女性休产假，男性最多休几个星期陪产假就回来上班，而他们的工作环境很有可能不会受到他们新获得的父亲身份的很大影响。尽管向家庭倾斜的政策意味着在工作中对母亲的照顾性政策应该平等地适用于两性，但对许多男性来说，开口申请弹性工作或产假仍然是一件令人却步的艰难举动。这就导致对迪伦这样的男性来说，想要陪伴孩子的愿望很快就遭遇了残酷现实的打击——我们文化中存在的对亲自照顾孩子的父亲的根深蒂固的厌恶。

上周我们一起去度假，去了一整个礼拜。我有大把时间跟弗雷迪和我太太待在一起。看着他在那段时间里的成长，看到他的变化，真是一件很美好的事。真的特别好。但问题是，我在伦敦上班，这是最麻烦的一点。早上 6 点半，孩子还没睡醒，我就得出门。晚上到家已经 7 点 15 分了，但他 7 点半就要上床睡觉。所以，我每天只能陪他 15 分钟。和他一起度假让我意识到我错过了什么，这真让人难过，因为我想见证他的一切，却还是得去赚钱养家。所以，我被现实打败了……你想做一件事，但不得不去做另一件。

——弗雷迪（6 个月）的父亲迪伦

因此，西方的父亲面对的关键问题之一是，如何兼顾直接抚育的意愿和间接抚育的需求。他们遇到的这种两难的局面，职业女性再熟悉不过了：该如何妥善平衡家庭和工作，从而保证自己两边至少都能做到合格水平？对许多男性来说，难以平衡直接抚育和间接抚育很可能在孩子刚出生时就已经是个非常棘手的现实问题了。在不同国家，男性产假制度的差异很大。男女产假之间仍然存在巨大鸿沟，最明显的一点就是，在 196 个国家中，只有 92 个国家有法定男性产假，其中一半国家的男性产假只有 3 周或更短时间。这与各国女性产假的情况形成了鲜明对比。我们很难不认为，这一数据表明，社会始终认为父亲与育儿无关。

如果男性产假有法规保障且有充足资金落实，父亲们会对此趋之若鹜。英国有 2 周的法定男性产假，于是有超过 90% 的新手父亲会以某种形式休假。在对父亲们的采访中我得知,这段时间不仅为他们提供了适应新环境、了解家庭新成员的宝贵机会,而且对家庭的维系也至关重要。照顾新生儿,要换尿布、喂奶、抱哄,总是一件令人筋疲力尽的事。如果选择母乳喂养,母亲隔两三个小时还要坐在沙发上喂奶,持续时间可能长达一个小时。因此,父亲的角色至关重要。他们可以通过负责换尿布、抱孩子、准备食物和应付客人来减轻母亲的负担。如果母亲在分娩时难产,父亲还能在母亲恢复期间肩负起照顾孩子的主要责任。但是,由于在产假期间,父亲会集中精力参与育儿,重返工作岗位便会带来令人不适的冲击。以鲁本的经历为例。

> 我不想(回去上班)。我本可以多休几天假。我有点儿害怕上班,因为从一直待在家里到每周上 5 天班是个挺大的变化。说实话,我在回去上班以后并不开心。但这让我下定决心在以后争取弹性工作,可以说改变了我对工作的看法。我想多跟我儿子在一起,工作不能成为我的绊脚石。
> ——查理(20 个月)的父亲鲁本

父亲从完全沉浸在孩子的世界里的状态回归职场后,他们的日常工作并不会因为家庭生活中的这个重大事件而发生改变。实际上,在我看来,这正是父亲在迎接第一个孩子到来之前应该了解的冲突点之一。只有了解这一点,他们才能在情感与现实层面上做好应对这种转变的准备,以快速回归工作状态,并在之后尽可能利用假期来适应这一转变,在几个星期里循序渐进地找回工作状态。可惜的是,聚光灯下那些身兼多职还能亲力亲为的名人父亲只是例外,毕竟他们有雄厚的财力支撑,还很有可能获得了私下的协助。那么问题来了:普通父亲在面临家庭与工作——直接抚育与间接抚育的双重需求时应该怎么办?

> 有时候,我再想帮忙也无能为力。比如夜里喂奶或者(我女儿)哭闹着需要安抚的时候,她想要的都是妈妈。我也不知道自己是会生气还是觉得自己没用……有时候会有点儿沮丧,不过也是意料之中的。我当然希望将来如果发生了不好的事情,或者她需要找个人聊一聊,她不会立刻只想到妈妈。孩子和爸爸妈妈的关系是不一样的,我相信这两种关系都能发展得很好。
>
> ——波比(6个月)的父亲奈杰尔

对部分希望能真正做到和伴侣共同育儿的父亲来说,理想和现实之间的差距并不像我们想象中那么大。对他们来说,回归较为传统的角色分配——由母亲负责照顾孩子,父亲负责养家糊口——会让他们感到更自在,也会让他们有充分的机会作为一名"有趣的爸爸"和孩子建立感情。但对包括奈杰尔在内的另一部分人来说,这或许意味着他们虽然已经在9个月孕期里反复思考过自己的父亲身份并得出了结论,但还是不得不在孩子出生后迅速对其重新评估。如果你也属于这种情况,你会发现和伴侣共同育儿的愿望可能是无法实现的,从而感受到巨大的情绪波动。你的伴侣会看到孩子白天在唱歌课上、充气乐园里以及和小朋友玩耍时最美好的样子，而你却只能见到孩子睡觉前睡眼惺忪的模样，这种不公平可能让你闷闷不乐。而你的伴侣整个白天都要独自应对新生儿的种种麻烦事，你却能享受不受打扰的午休，还能趁机好好发一会儿呆，这种不公平又可能让你感到内疚。我在研究中接触了许多来自不同社会经济背景的父亲，对 21 世纪西方父职行为的了解促使他们做出了取舍。在这个要把时间和精力分配给太多不同又互相冲突的需求的世界上，很多时候，被牺牲的往往是工作。从现实层面来说，这就意味着一些父亲会承受经济和事业受创的风险，选择要求较少、弹性时间较多而晋升机会较少的工作，从而确保自己陪在孩子身边，教导和抚育他们。

> 我的工资一点儿也不高，简直低得可怜，但这份工作能让我做自己想做的那种父亲，因为我知道，我如果早上 6 点出门去上班，下午 3 点就能下班，然后去学校接我女儿。我坚持在家吃饭，晚上辅导孩子写作业。这是我给自己设定的标准。
>
> ——艾米莉（4 岁）的父亲马克

在第 10 章中，我将探讨父亲对孩子成长的影响。在西方社会这种不会威胁人身安全但在社交和智力方面充满挑战的环境中，牺牲自己的事业在某种程度上的确对孩子的身体和情绪健康大有帮助，但有些父亲并没有就此满足。只要经济和文化方面允许，成为父亲之后，他们最看重的事物会发生变化，从而使他们抓住机会真正将言语转化为行动，承担起21世纪父亲的新型重任——全职在家。

> 今年3月，道恩回去工作了，因为我还在创业，我们需要有一个人来赚钱。所以，明智的选择是，我来全职照顾罗茜。从3月到7月，一直是我主要负责照顾她。真是太棒了，我太喜欢这段时间了。我会参加所有的育婴课程，和妈妈们一起出去，在公园里野餐。整体上看，一切都很美好。我觉得，道恩都有点儿嫉妒我能和她的朋友们一起去公园了！
>
> ——罗茜（18个月）和另一个未出生孩子的父亲本

为什么现实与想象中的父职行为的落差值得我们关注？因为这种落差是新手父亲出现心理问题的主要原因。再加上要平衡工作和家庭生活方面带来的压力，以及有时自己是经济拮据的家庭中唯一收入来源的现实，新手父亲可能会因此承受巨大的心理压力，甚至出现健康问题。由于心理健康问题不仅影响父亲自身，还会对母亲、孩子乃至社会造成影响，所以我们都应该关注这一落差。我们将在第10章中看到，孩子需要父亲尽可能多的陪伴，从而获得一个健康的成长环境。虽然缺席的父亲或许在忙于工作赚钱，能间接给孩子带来益处，使孩子的人生之路走得更加顺利，但父亲的陪伴无论时间多短，对孩子心理和行为发育的益处都是无可替代的。这种矛盾不会在一朝一夕间轻而易举地得到解决。自女权主义出现至今已有数十年，对女性能否兼顾家庭和事业的讨论仍然没有得到令人满意的结论。但我们知道，在女性能够较好地兼顾二者的国家，这种局面通常是多种因素导致的：政府的鼓励政策、足够的资金支持以及最重要的一点——父亲和母亲对改变的共同呼吁。

我们如今应该已经认识到，父亲的角色具有惊人的灵活性。他们总能随时准备好迅速应对孩子所在环境中的变化，而这一切都是为了确保孩子的生存。但是，如果没有大脑中发生的变化来驱动，这种行为上的灵活性是不可能存在的。所幸，父亲的大脑已经证明，在应对变化时，脑部结构和个体行为具有同样的灵活性。我们此前已经了解，成为母亲的事实会改变女性的大脑结构，其大脑灰质中有助于提升育儿技能的区域会明显变大，但直到最近才有研究发现，新手父亲的大脑中也会出现类似的现象。

2014年，美国科罗拉多州丹佛大学（University of Denver）的发展神经学家金必永（Piyoung Kim）招募了16名生物学父亲，分别在孩子2~4周与12~16周时对其进行磁共振成像（MRI）扫描，以探究他们新获得的父亲身份是否改变了其大脑结构。金希望以此了解成为父亲是否会影响大脑灰质（产生信号的神经元或脑细胞）和白质（连接神经元的轴突或纤维）的多少。她发现，在大脑中央核心区域，与依恋、育儿行为的表达以及理解婴儿行为并做出反应的能力相关的部分明显增大了。有趣的是，这一区域不仅是父子互动时较活跃的部分，也是催产素受体分布最密集的部分。这就说明，在父亲与孩子建立情感纽带时，除了相关区域体积与活跃度增加之外，神经化学方面的奖励也会随之增加。大脑外层的灰质——新皮质也会增多。这一区域主管高级认知功能，而前额皮质则在复杂决策中起关键作用，二者对抚育婴儿来说都是不可或缺的。金的研究表明，除了孩子出生时激素水平的变化外，父亲的神经结构也会和母亲一样发生变化，以适应新角色和新环境。

金 2014 年的开创性研究向我们揭示，父亲从获得这一身份起，便经历了和母亲一样重大的解剖学层面的变化。近年来最振奋人心的父职相关研究之一，是以色列巴伊兰大学的神经科学家艾亚尔·亚伯拉罕（Eyal Abraham）进行的。他以金的研究为基础，着眼于身为孩子主要照料者的父亲——其研究对象为同性恋者——揭示了他们行为背后的神经灵活性。一般来说，在角色按照性别划分的传统育儿团队中，我们可以看到，与孩子互动时，父母大脑中活跃的区域并不相同：母亲大多是情绪中枢，父亲则大多是认知中枢。正是这种差异导致父母在家庭中扮演着不同角色，我们将在第 8 章中深入了解这一点。但亚伯拉罕的研究表明，作为孩子主要照料者的同性恋父亲的情绪中枢与认知中枢都很活跃，还发展出一条新的神经通路，让这两个分别位于大脑中心和表面的区域进行沟通，协同运作。在这种情况下，人类大脑的灵活性充分发挥作用，让这些同性恋父亲能够同时扮演父亲与母亲的角色，确保孩子拥有理想中父母双全的成长环境。我们不清楚在母亲仍然履行母职的情况下，身为孩子主要照料者的异性恋父亲是否也会出现这样的变化，但亚伯拉罕与金的研究中令人惊讶的一点在于，不仅父亲能随时迅速应对环境中的变化，而且演化也会为这种应对提供支持，从解剖学和生理学层面上对其进行巩固。

如果你是一名父亲，那么你或许还在努力探究自己在孩子生活中应该扮演什么样的角色，尤其是在这个大家对父亲角色的认识快速变化的时代。但是，几乎可以肯定的是，你所承担的父职和半个世纪前相比已经大不同了。在西方社会，这种灵活性的例子比比皆是。仅仅过了一代人，西方的父亲就已经今非昔比。父亲们走进产房，在夜里帮妻子喂奶，给孩子换尿布，制作辅食，为孩子洗澡，唱歌给孩子听。是环境中的什么变化导致父职出现了如此迅速的转变？其中有3个原因。第一，今天的父亲生活在一个全球化的世界里，不再能和自己的父母频繁往来，这就意味着新手父母必须承担起以往多由上一代和亲属承担的育儿职责。第二，如今分娩已经高度医疗化，过程非常迅速，因此新手父母不会在医院里，而是会在生活中适应这个美好的变化。你们要努力回忆在生产前是如何练习给塑料娃娃换尿布的，并意识到与面前这个不停扭动、哭闹的婴儿相比，塑料娃娃真是个糟糕的替代品。第三，我们已经明白父职的履行对孩子的成长是多么重要，这就意味着，比起过去，如今的父亲更有动力与信心去亲自照顾孩子，哪怕社会对此的反应仍稍显滞后。

在西方社会，关于父亲育儿的文化环境已经发生巨大的变化，而父亲依靠神奇的灵活性改变了自己的行为模式，继而迎接挑战，保障着孩子的生存和成功。正如接下来我们将在第9章和第10章中看到的，越来越多的父亲陪伴在孩子身边提供照料并做出独特的贡献，这样的发展趋势对孩子而言有百利而无一害。不过，尽管父亲们的整体目标或许基本一致，但当具体到每个人时，个体履行父职的方式则会受到遗传和复杂的环境因素的综合影响，影响每个人的因素可能都是独一无二的。这就是下一章将讲到的内容。

第 6 章

父亲的构成

基因、心理学与激素

在本章中，我们将探讨更复杂和有趣的话题。现在我们已经了解，父职行为之所以不断演化，是因为人类这个物种遭遇了有可能导致灭绝的实质性威胁；新手父亲的激素水平和大脑结构会和母亲一样发生巨大变化，促进他们成功履行父职；父亲的角色极具灵活性，能够使他们迅速做出调整，从而在这个瞬息万变的广阔世界中确保后代存活；做父亲的方式并非仅仅由基因决定，行动才是问题的关键；一名男性会成为什么样的父亲并非出于他的自由选择，而是受到其生活的社会、生态、经济和生物环境中的复杂因素影响，从而呈现出惊人的多样性。以上都是我们已经了解的。但是，这一系列广泛而重要的结论中遗漏了父亲自身的能动性。我们如果将范围从全球缩小到个体，就会发现父亲身份中的一部分是由其固有的生物、生理和心理因素驱动的，而正是这些因素使他成为独一无二的个体。在本章中，我将探究父亲究竟是谁，并尝试理解那些塑造了父亲身份的独特的生理机制和生活体验。那么首先，我们需要重新认识一种最典型的男性激素——睾酮。

睾酮是一种使男性拥有宽阔胸膛、低沉嗓音和强壮下巴的激素。众所周知的是，也正是因为睾酮，男性无法做到一心多用。睾酮也是一种驱使男性进行求偶和繁衍的激素。然而，正如我们在第 2 章中读到的，如果你想收回自己四处寻觅对象的目光，安心过上幸福的家庭生活，睾酮可是会帮倒忙的。我们知道，繁衍后代对物种存续至关重要，因此为了平衡交配的欲望与繁衍的需求，父亲体内的睾酮水平会在子女出生后猛降，从而提升他们对家庭的关注度，降低他们探索外面世界的欲望。然而，除了这些普遍的影响外，从个体角度来说，也是睾酮决定了孩子出生后男性有多大动力成为一名体贴的父亲。在这里，我想探讨的正是睾酮对不同父亲造成的不同影响。

每个男性的睾酮分泌都有基线水平，具体数值因人而异。正是由于这种差异，有些男性的生育能力更强，而有些男性更适合做父亲。2002 年，在一项针对父职行为的早期神经生物学研究中，位于美国亚特兰大的埃默里大学（Emory University）的艾莉森·弗莱明（Alison Fleming）比较了睾酮基线水平如何影响父亲和没有子女的男性对与自己没有血缘关系的婴儿的哭闹声做出的反应。（不必担心，实验采用的是录音，过程中并没有真实的婴儿被刻意刺激。）研究者对这些男性的反应进行了问卷评估，请受试者根据量表上的恼怒、痛苦、同情、警惕等 10 种不同的情绪，按 0～10 的分值给自己的反应打分，同时接受研究人员对其心率的监测。弗莱明及其团队发现，首先，与听到和实验无关（但可以确保受试者会意识到其存在）的随机声响的父亲或没有子女的男性相比,听到婴儿哭闹声的父亲表现得更富同情心,对哭闹声进行回应的冲动也更强烈。其次,同时也是对理解个体间父职行为差异更重要的一点是,睾酮水平较低的男性无论是否已为人父,都比睾酮水平高的男性对孩子更具同情心,也更愿意去帮助孩子。弗莱明据此得出结论:睾酮的确能够影响男性从求偶到抚育子女的转变过程,这种转变或许不仅仅是使繁殖欲望降低,还包括对养育后代至关重要的共情行为的增加。睾酮水平的个体差异意味着,部分男性比其他男性更容易也会更自然地表现出共情行为,给予陌生婴儿帮助。

* * *

人类的大脑是一个极其复杂的器官。我们已知的是,人类大脑的体积与人类体形不成正比,是人类体形应有的大小的6倍之多。大脑由巨大而遍布褶皱的新皮质支配,使我们掌握了说话、学习、欺骗和思考的能力,在有意识和无意识层面主导着我们在感觉、运动、情感和认知等方面的行为和欲望。为实现这一目标,大脑分泌出无数神经递质,并将指挥权交给它们,使其与其受体共同作用,刺激我们的行为,促进我们的感官运作,塑造我们的记忆,帮助我们思考,并促使我们做出各种行动。人类大脑的神秘与美丽令人着迷。尽管这是个非常复杂的器官,但有两点是确凿无疑的。第一,几乎没有哪种神经递质会单独起作用;第二,演化会通过在大脑中奖励我们大量具有成瘾性并令人感觉良好的化学物质，以促使我们采取那些对物种存续至关重要的行动。换句话说，演化过程会诱使我们去做正确的事。在下一章中，我们将读到会给人带来快感的β-内啡肽，除此之外，此类化学物质中最著名、相关研究最多的就是多巴胺了。在第2章中研究准爸爸如何与未出生的孩子建立感情时，我曾提到多巴胺以及常伴随其出现的催产素，但多巴胺和催产素对产后的父子关系和育儿行为同样重要。请记住，多巴胺是对快感而言不可或缺的化学物质。我们在饮酒、坠入爱河，或吃最爱的高糖食物时都会释放多巴胺。一名父亲在看到自己的孩子时，大脑中也会释放多巴胺。

在弗莱明完成关于睾酮对父职行为的影响的开创性研究10年后，同样来自埃默里大学的人类学与神经学家詹妮弗·马斯卡洛（Jennifer Mascaro）、帕特里克·哈克特（Patrick Hackett）与詹姆斯·瑞林（James Rilling）利用当今人类在大脑神经化学系统互联方面的进一步认识与最新的扫描技术，对多巴胺、催产素与睾酮之间的相互作用，以及它们共同对父职行为个体差异的影响进行了研究。他们收集了88名异性恋的生物学父亲以及50名没有子女的男性的血液样本，以检测他们的睾酮和催产素基线水平，随后逐一对他们进行功能性磁共振成像（fMRI）扫描，以实时查看他们的大脑活动变化，在此期间向他们展示成年人和儿童的面部图片。图片中的人物面部表情各异，分别呈现出悲伤、快乐和平静的情绪。研究结果表明，观看儿童图片时，父亲和没有子女的男性之间呈现出了惊人的差异，不同父亲之间也存在显著差异，但有趣的是，观看成年人的图片时，这种差异并不存在。首先，血液样本显示，与没有子女的男性相比，父亲们的睾酮基线水平明显较低，催产素基线水平则较高，平均比前者高出三分之一。这就意味着，父亲已经在激素层面做好了以孩子为中心提供关爱与照料的准备。较低的睾酮水平会使父亲拥有较强的共情能力，而较高的催产素水平会帮助他们和孩子建立情感纽带。此外，我们知道，较低的睾酮水平强化了催产素对父职行为的积极作用，这两种神经化学物质完美的互相作用有助于促进父子感情的建立。其次，功能性磁共振成像扫描显示，与没有子女的男性相比，父亲大脑中与共情和面部情绪识别，以及最重要的与多巴胺奖励相关的区域明显更加活跃。因此，父亲们更擅长解读也更关注孩子的情绪，而作为回报，他们会收获大量多巴胺奖励。在受试的父亲中，睾酮水平最低者的大脑中与面部情绪处理和奖励中枢相关的区域最为活跃，这就意味着这些父亲最擅长理解孩子的情绪，也释放了最多的多巴胺。低睾酮水平不仅会让父亲更关注家庭，也会使他们更具共情能力，强化催产素对父子关系神奇的促进效果，并使父亲获得最多的多巴胺奖励。当我告诉父亲们，有孩子的事实会抑制他们的睾酮分泌，他们会了然地开玩笑说，生孩子跟被阉割差不多了。但是，实际上，用少许睾酮来换取幸福的父子关系以及大脑能给予你的最美妙的神经化学奖励，你的损失并不算多大吧？

长期以来，人们一致认为父职行为是后天习得的，而非一种生物学现象，但当越来越多的证据表明，激素在父职行为的形成中起到了重要作用，我们清晰地看到，父职行为与母职行为一样，是有切实生物学依据的。从催产素水平与孕期的伴侣同步性，到孩子出生后睾酮水平下降，再到催产素、多巴胺与睾酮的相互作用，演化致力于把父亲塑造成一种以照料、保护和供养孩子为动力的动物。尽管我们每天都在不断增进对父职行为背后的神经化学原理的认识，但男性独有的多种重要化学物质背后的基因复杂性，以及个体生活环境对基因表达可能产生的影响，至今仍然蒙着一层神秘的面纱。

自从查尔斯·达尔文（Charles Darwin）在第一次看到加拉帕戈斯地雀（Galapagos finch）后提出进化观点，以及格雷戈尔·孟德尔（Gregor Mendel）发挥园艺天赋种出五颜六色的杂交豌豆开始，关于人类个体行为在多大程度上由基因决定，又在多大程度上受经验影响的争论始终是一个热门话题。17世纪的英国哲学家约翰·洛克（John Locke）主张，人在刚出生时是一块"白板"（tabula rasa），其思想和行为完全是由经验塑造的。基因决定论者则相信，我们的人生道路完全由基因决定，人生旅途中的经验对终点没有任何影响。真相往往介于这两个极端之间。随着基因解码技术不断发展，我们逐渐了解到哪些行为会受到基因影响，并因此逐渐认识到基因影响行为的几个主要原则。首先，部分基因比其他基因更容易影响我们的行为。反社会行为案例中有40%~80%是由基因决定的。但是，遗传学家布兰登·齐茨（Brendan Zietsch）发表于2015年的研究却提出，对伴侣不忠的行为也与基因有关，其中女性有40%的风险，男性则有63%。这个说法着实有些吓人。其次，部分行为受到多个基因或单个基因的多个突变影响，在某些情况下会导致"剂量反应"（dose response），即携带风险的基因越多（部分基因具有这种表达，且与负面行为有关），就越有可能出现负面行为或极端情况。最后，有人认为，在某些情况下，先天与后天因素之间存在一种反馈机制，一旦个体处于某种心理状态或体验到某种生活经历，风险基因就会引发负面行为。因此，携带风险基因本身不会导致负面行为发生，唯有在特定的环境条件下，风险基因才会得到表达。

对父系遗传的研究目前还是个非常年轻的领域。考虑到对父职行为的学术研究不过十余年历史，我们对其遗传学基础的了解还处于起步阶段也就不足为奇了。我们必须先对行为和神经化学机制有深刻的了解，才能开始探索遗传因素对二者的影响。尽管相关研究甚少，仍有一项研究完美地体现了基因和环境之间的密切关联。在分析美国非裔少女的重罪与暴力犯罪风险时，美国艾奥瓦州立大学（Iowa State University）的社会学家马特·德利西（Matt DeLisi）对她们的多巴胺受体基因DRD2、其生父是否有前科、她们登记在案的犯罪率和与警方的接触之间的相互作用进行了研究。DRD2分为风险版本和非风险版本两种。风险版本的存在可能导致多种反社会行为和成瘾行为，包括酗酒和海洛因依赖。德利西采集了232名非裔少女的DNA样本，研究了DRD2的存在与少女犯罪率之间的关联。结论是，无法根据携带这一基因的事实本身预测少女出现犯罪行为的可能性，因此，基因决定论在这种情况下是不成立的。但是，如果把女孩生父的犯罪前科也纳入分析范围，就会发现明显的关联性。如果女孩的生父有犯罪前科且女孩携带

DRD2风险基因，那么她因暴力犯罪或重罪而和警方发生接触的可能性就会显著高于其他人。仅在父亲有犯罪前科的前提下，该基因的风险因素才会在女孩的行为中得到体现——这是先天因素与后天因素协同作用的完美例证。

与此类似，只有在生物学父亲有酗酒行为的条件下，携带多巴胺转运蛋白基因DAT1风险版本的子女出现酒精成瘾的风险才会高于其他人。犯罪学家杰米·瓦斯基（Jamie Vaske）发现，无论是携带风险基因还是父亲有酗酒行为，任一因素的单独出现都不会增加子女酗酒的可能性，二者的协同作用才是关键。不过，父亲是否与子女住在一起似乎并不重要。只要父亲酗酒，那些不幸携带风险基因的子女都会受到影响。这或许表明，父亲酗酒的影响并不是通过子女的成长环境，而是通过基因遗传起作用的。请记住，这里提到的父亲是生物学父亲。子女从酗酒的父亲处遗传的一个或一组基因，与DAT1风险版本协同作用，提高了子女酗酒的可能性，这是一种遗传剂量反应。酗酒行为本身便具有高度遗传性——研究结果显示，40%～60%的酗酒者携带相关基因。因此，多种遗传因素相互作用会导致这一结果也是很正常的。

如果只看德利西和瓦斯基的研究成果，我们可能会得出"子女从父亲处继承的都是成瘾和反社会行为"的结论，但幸运的是，事实不太可能如此。由于父系遗传还是个新兴领域，试图解决社会问题的研究项目总能优先得到资助，之后才会轮到那些研究拥抱孩子、教孩子踢足球和模仿天线宝宝的能力在多大程度上受基因影响的项目。随着时间流逝，当父系遗传学逐渐得到发展，大众关注的焦点会转向那些较为积极而常见的行为，研究者也会开始探寻父亲遗传给孩子的那些美好的特质。

虽然个体的父职行为受催产素、睾酮和多巴胺三者强烈的协同影响，但仅凭激素大量分泌还不足以塑造一个体贴的家长。"神经拼图"中还有一块是必不可少的——受体。脑受体就像一把锁，而神经递质就是开启它的钥匙，能在大脑中传递脑受体发送出的信息。不同个体的脑受体存在差异，这种差异表现在特定区域内受体的密集度和对神经递质的敏感度——钥匙和锁的契合程度以及信息传递效率的高低上。催产素受体基因（OXTR）极易变异，也就意味着会出现许多不同的类型，可能成为导致受体密度和效率不同的原因。OXTR会影响我们与社交体验相关的一系列行为，包括是否擅长对爱人说甜言蜜语、自身对建立恋爱关系的意愿的强烈程度、拥有多少朋友以及是否喜欢社交。OXTR也与父职行为有关。除此之外，另一个名字很简洁的基因CD38也能影响催产素分泌，似乎还能影响父亲与婴儿的互动方式。

OXTR和CD38都可能存在风险版本，这表明二者可能和负面行为相关。这两种风险版本均与社交行为缺陷有关，而较低的催产素基线水平可能会使该基因的携带者难以建立和维系社交关系。那些表现为难以进行正常社交的疾病的患者，例如自闭症患者，便有可能携带OXTR和CD38的风险版本。携带此类基因的父亲似乎也难以与孩子建立健康、亲密的关系。露丝·费尔德曼及其团队在研究CD38和OXTR风险版本对父亲的影响时观察到，研究对象的确表现出了一些困难。在她研究的 121 名父亲之中，携带 CD38 风险版本、OXTR 风险版本以及同时携带二者的人，在与 6 个月大的孩子互动时的表现较其他人更消极。研究团队在观察这些父亲与孩子的互动时发现，他们较少温柔地抚摸孩子，而且会主动避免眼神接触，这就意味着对亲子关系的形成至关重要的生物行为同步现象在此过程中是缺失的。对这些父亲的血液样本的分析带来了一些启示：在携带 CD38 或 OXTR 风险版本的父亲体内，催产素和多巴胺分泌都相对较少，因此与孩子的互动并不会给他们带去其他父亲感受到的那种温馨和情绪奖励。他们缺少那些能够帮助他们与孩子培养感情的神经化学物质。

* * *

> 看看我的父母，他们是挺不一样的两个人，但我和他们之间的关系就像朋友一样。我希望我也能和约瑟夫拥有这样的关系。我期待他在沮丧的时候能喊我"唉，爸啊"，但除此之外，我也希望能像朋友一样跟他相处。
>
> ——约瑟夫（6 个月）的父亲约翰

很明显，基因会影响我们的教养方式，但毫无疑问，我们的父母养育我们的方式也会给我们每个人的教养风格带来深刻的影响。这一领域的早期证据来自一项足以为研究者赢得"当代最具奉献精神科学家"称号的研究。发展心理学家尼基·柯文（Nikki Kovan）、艾莉莎·钟（Alissa Chung）和艾伦·斯鲁夫（Alan Sroufe）在 28 年的时间里跟踪研究了 61 个家庭，试图了解这些家庭的子女在为人父母后的教养行为在多大程度上会模拟他们自己父母的行为。这意味着这些研究人员要在这些孩子 2 岁时拍摄他们与父母互动的场景，然后在接下来的若干年里开展其他学术活动，如喝咖啡和思考问题，等当年的孩子们已为人父母，也有了 2 岁大孩子的时候，再次去拍摄他们和孩子之间的互动。通过对两组录像进行对比，研究人员发现，两组父母的教养行为惊人地相似，相似度高达 43%。这就表明，我们的个体教养行为其实很大程度上源自父母，但是问题来了：这种行为上的传承究竟是后天习得的还是基因决定的？

加拿大蒙特利尔大学（Montreal University）的丹尼尔·佩吕斯（Daniel Pérusse）尝试利用同卵双胞胎的基因相似性解开这个棘手的谜题。对科学来说，双胞胎研究仿佛是天赐的礼物，因为兄弟姐妹拥有相同的成长环境，但同卵双胞胎却会携带相同的基因组，而异卵双胞胎只与普通兄弟姐妹一样拥有相近的遗传信息。如果某种行为具有遗传性，那么同卵双胞胎由于基因相似度更高，行为的一致性也应该比异卵双胞胎更高。根据这些研究，我们无须斥巨资提取并分析每个人的 DNA，就能推断出基因的作用，而这就意味着我们可以用节约的资金去研究更多对象，使研究成果更加可靠。佩吕斯根据 1,117 对均已生育子女的双胞胎对其教养行为的自述进行了研究，其中包括 675 对同卵双胞胎，分为 169 对兄弟和 506 对姐妹。通过对比同卵双胞胎和异卵双胞胎的教养行为，他发现，同卵双胞胎的教养行为更相似，体现了教养行为的基因遗传性。不过，同卵双胞胎姐妹（母亲们）表现出了比同卵双胞胎兄弟（父亲们）更明显的相似性。丹尼尔根据这一结果计算出，19%的父职行为受遗传影响，而对母亲来说，这一数字则为39%。

从遗传控制角度看，19%已经是相当高的百分比了，而考虑到教养行为的复杂性和广泛性，这个数字就显得更为惊人，因为其中涉及大量基因的作用。近五分之一的父职行为是天性使然，是被写入基因的，这个事实着实令人惊讶。尽管如此，父职行为的个体差异仍有81%可归因于其他因素，其中最主要的必然是环境——你自己的成长环境。

我们知道，哺乳动物幼崽的大脑中催产素通路的发育会受到其父母育儿行为的影响。在受到母亲精心照顾的幼崽的大脑中，与社交行为相关的区域内的催产素受体密度更高，从而使其能更好地应对压力，在未来对自己的后代也会更加体贴。我们人类很有可能也是如此。我们的脑容量很大，需要一些时间才能发育完成，因此在人类婴儿出生后，其大脑仍在以惊人的速度继续发育。于是，在这段接受父母养育的时期内，人类婴儿的经历会对其大脑结构产生深远的影响，也正因为这样，孩子生命最初的1,000天——从母亲受孕到孩子出生后2年的时间里——对他们的健康成长而言至关重要。如果在此期间，一个孩子被父母以不侵扰的养育方式和不控制的保护方式悉心照料，那么这个孩子就会发育出健康的大脑，无论在童年还是成年后都能建立起牢固而富有安全感的依赖关系。

实现这一目标的方法之一就是鼓励婴儿和父母之间实现行为同步，即模仿彼此的肢体动作、语言、声音和情绪。这意味着父母要凝视婴儿，模仿其肢体语言，响应其交谈和玩耍的要求，积极回应其情绪和需求。如果父母能做到这些，那么生物行为同步机制就会启动——请记住，这就是使准父母在怀孕期间实现催产素水平同步从而加深情感纽带的机制。与此相似，婴儿和父亲也会产生情绪、生理和激素层面的同步，并最终建立牢固而健康的依恋关系。无须多言，提出这一假说的露丝·费尔德曼已经对其进行了验证。通过对60个以色列家庭的长期跟踪研究，她指出，孩子3岁时的催产素基线水平与父母的基线水平存在显著的正相关。这就表明，心率、血压和体温等行为和生理上的同步的确会导致激素水平的同步。

令人惊讶的是，这种同步效应并不需要几年时间，甚至可以在几分钟内实现。欧姆里·威斯曼（Omri Weisman）和奥娜·扎古里-莎伦（Orna Zagoory-Sharon）研究了人工催产素对父职行为的影响，研究对象为35名父亲和他们5个月大的孩子。催产素是少数可以在实验室内人工合成的神经化学物质之一，因此在实验中，研究人员可以采用人工合成的催产素来诱发培养感情的行为。他们请父亲们向鼻子里喷入一定量的合成催产素或安慰剂，使其通过最便捷的途径通过血液直接流入大脑，不过，这些父亲并不知道自己获得的试剂是哪一种。随后，他们开始观察父亲与婴儿之间的互动。结果发现，吸入合成催产素的父亲对孩子更体贴，与婴儿互动时同步性更强。不过，更令人振奋的发现在于，尽管婴儿并没有吸入催产素，但他们体内的催产素水平也与父亲同步上升——生物行为同步现象就这样发生了。

不过，即使不借助向鼻内喷入的催产素，任何父亲也都可以实现这种重要同步。经常有人问我，父母能为孩子做的最重要的事是什么。我总是这样回答：除了日常生活中的照料之外，所有父母都能做到的也是最重要的事就是专心致志地陪伴孩子，与孩子进行眼神交流，用声音或语言与孩子"交谈"，和孩子互动，在为他们洗澡时慈爱地抚摸他们，花些时间感受他们的情感需求并给予适当的回应。如果你能做到以上这些，一次只需要花上 5 分钟，你就能为孩子建立充满安全感的依恋关系、形成良好的催产素和多巴胺分泌系统打下坚实的基础——这些将使他们在未来成功地面对人生中的所有挑战与回报。

教养方式与婴儿催产素水平变化之间的密切关联也意味着父子间发展出的安全依恋可以跨越代际，产生影响。一名父亲与自己父母的依恋关系会对他未来的催产素基线水平以及他能否成为一名体贴的父亲产生重大影响。与那些童年受到过度控制或忽视的父亲相比，认为自己与父母的关系温暖而充满安全感的父亲有明显较高的催产素水平，也能更敏锐地察觉孩子的需求。也就是说，父亲自己的成长环境会对他未来的教养方式产生真实而深刻的影响。较高的催产素基线水平会让父母在育儿时更体贴和敏锐，反过来也会提高后代的催产素水平，如此循环往复，代代相传。

父职行为相关研究大多集中在英国、澳大利亚、美国以及露丝·费尔德曼成果丰硕的实验室所在的以色列。不过，关于教养行为和儿童大脑发育之间密切关联的最有力的证据来自中国。就在不久之前的 2016 年，北京师范大学的实验心理学家严嘉、韩卓和李沛沛研究了教养方式如何从祖父传到父亲，继而影响孩子表达消极情绪时父亲的反应。

3位研究人员对来自中国2个城市172个家庭中的生物学父亲展开了调查，要求他们填写3份问卷：第一份请他们回想自己16岁之前父母的养育方式，第二份请他们评估自己如何应对孩子表现出的消极情绪，第三份是关于他们如何应对自己的消极情绪的。这些问卷旨在探究父亲自身的成长经历和他们应对孩子消极情绪爆发之间的关联。请不要忘记，童年充满安全感的依恋关系会促进催产素分泌系统的健康发育，也能提升成年后应对生活中压力的能力。研究结论非常清晰。儿时受到良好照料的父亲更善于处理孩子的问题行为，更能给予孩子支持和帮助，与孩子之间的情感纽带也更牢固。相较之下，那些父母控制欲很强的男性在成为父亲之后，对孩子消极情绪的处理方式更差，要么过度惩罚，要么反应冷淡，甚至可能出现过度控制或不闻不问的情况。研究人员得出结论，在父母的控制下长大的个体在与自己的孩子相处时，可能会出现"情绪社交"能力不足的问题。也就是说，他们不擅长教育孩子如何通过健康的方式处理和表达自己的情绪。培养孩子的复原力和情绪方面的能力是父亲的重要职责之一，我们将在第10章中更详细地探讨这一点。由此可见，这项研究成果揭示了对孩子未来的心理健康意义重大的因素，同时还表明，如不采取干预措施，不良的育儿方式可能会代代相传。

这项研究中我还没有提到的一个发现是，父亲上一代人的不良教养行为传递给他的可能性，会受到父亲的性格因素中一个方面的影响，那就是他调节自身情绪的能力。如果一名父亲能够以理性而健康的方式处理好自己的消极情绪，他就有能力摆脱自己童年时的消极体验，从而以合适、体贴的方式应对孩子的情绪爆发。但是，如果一名父亲难以处理自己的消极情绪，即缺乏应对情绪的有效手段或会受到情绪的驱使，以至于无法抑制自己的冲动，那么他自身童年经历的消极影响便会在他与自己孩子的关系中体现。

不过，从严嘉等人的研究以及本章前面提到的着眼于教养方式的基因遗传的各项研究中，我们也能看到积极的一面：童年时期父母的不良教养方式不一定会导致子女在长大后无法成为支持孩子的合格父母。你受到的教育并不会对你教育子女的方式产生决定性影响。一个人能否摆脱童年经历的影响，以焕然一新的姿态踏上为人父之路，取决于不计其数的因素，既有包括心理健康和人格在内的心理因素，也有基因如何使你靠近或远离风险的遗传因素。但是，就算遗传因素或心理因素不甚理想，也尚存一线希望。例如，英国有几个隶属"亲子项目"（Parent Infant Project）的组织，相关细节可见本书最后。这些组织会和父母共同应对很多源自原生家庭和创伤性经历的消极倾向，帮助他们成为更体贴也更出色的父母。此外，尽管我们已经确定了多个影响个人教养方式的因素，但这并不意味着我们掌握了成功育儿的秘诀，因为总有未知因素——无论过往的生活环境和生理因素如何，会让个体在需要时做出改变、成为自己理想中的父母的个体意愿——存在。

因此，并没有哪个因素能够决定一名男性会成为什么样的父亲——他是个体基因和个人经历共同作用的结果。不过，这两个因素也不能脱离对方单独存在。一名男性自身受到的教养会影响他教养子女的方式，但这种影响并不是直接发生的，过程中还有个体人格的作用，而人格本身就是遗传和经历综合影响下的产物。这个复杂的过程已经够让人头疼了。但是，了解一个人的人格会如何影响其教养行为，对解释我们在不同父亲之间观察到的差异非常重要。

* * *

设想这样一个场景。一个两三岁的孩子坐在高脚椅上准备吃午饭，由于他早上起得比平时晚，他的爸爸得抓紧时间喂饱他，然后赶紧带他去医生那儿做检查。时间非常紧张。爸爸为孩子精心准备了营养均衡、口味也不错的自制菜肴，毕竟厨房架子上满满当当的儿童营养学专家大作可不是摆设，但他的孩子显然不知道这些作者的大名，也不知道这些健康膳食有什么好处。不，他不满意。他把食物扫到了地板上，然后胆大包天地从高脚椅上逃走，直奔零食柜，因为他知道那儿肯定藏着巧克力饼干。爸爸把他抓回高脚椅上，然后飞快地做了一个三明治，一边用玩具分散他的注意力，一边尝试趁他张嘴的时候把食物塞进去。等他吃完午饭，爸爸该给他穿鞋了，可他不买账。爸爸费了九牛二虎之力把他的脚对准鞋，他却暴跳如雷。最后，爸爸放弃挣扎，给他套上一双好穿的雨靴。等他终于吃饱穿好，父子俩正往门口走时，忽然飘来一股熟悉的气味。爸爸大惊失色，一把抱起儿子，去换尿布。

你觉得这位父亲此刻有什么感觉？他或许会从容应对，接受养育一个蹒跚学步的幼儿本来就会把原计划搞得一团乱的事实。他也可能认为孩子是个小恶魔，而他是全世界最没用的父亲。他的感受如何，很大程度上取决于他自身的人格。前文提到，我们的人格由五大特质组成，分别为外向性、开放性、宜人性、神经质和责任心。如果我们从这五大特质出发来认识人格，并将每个人看作这五大特质的结合体，那么，人格如何影响父母的教养方式就很清楚了。杰·贝尔斯基（Jay Belsky）是教养研究领域的先锋。早在1984年他就提出，父母的教养方式主要受到3个因素影响：一是父母自身的遗传因素和心理状况；二是孩子的秉性与人格；三是父母可以借助的外部资源和承受的压力。不过，贝尔斯基指出，其中最重要的是第一个因素，而第一个因素中最重要的是人格，因为健康的心态——宜人性与开放性程度较高的人格——在面对脾气暴躁的孩子或无法提供支持的婚姻和工作环境时能起到缓冲的作用。因此，与宜人性程度较高的个体相比，神经质程度较高的个体更倾向于认定和预设自己的孩子是顽劣不堪的，而自己是孤立无援的。而责任心较强的个体虽然会努力尽职尽责地做好父母，但在发现孩子成为让原本井井有条的生活丧失秩序的威胁时，会感到很难接受。因此，与那些对新体验和挑战保持开放态度并随遇而安的人相比，他们会感受到更大的压力。

在与新手父亲的接触中，我能感受到他们的人格对其体验的影响。我倾向于在孩子出生后前几周与他们接触，因此很快就能认识到，人格会影响他们如何看待孩子出生后这段时间的经历。我曾访问过一位名叫吉姆的父亲，当时他的儿子肖恩刚出生几周。客观地说，从吉姆对其经历的讲述中，我可以清晰地看到，这段经历对他而言是一段痛苦的记忆。他的妻子在顺产中途不得不接受紧急剖宫产，因此他在很长一段时间里无法得知她的情况。随后，她因为大出血而差点儿丧生。他真真切切地孤独一人抱着刚出生的孩子，对妻子能否活下来一无所知。我问他，当时他是如何应对的，这段经历是否会对他的心理健康造成长期影响。我以为这一创伤至少会遗留一些痕迹，但他的回答令我感到惊讶，也让我明白了一件事：永远不要想当然地猜测别人会如何处理某种经历。他表示，当时的确很难熬，但他安慰自己说，他们可是在医院里，在应对当前问题最理想的地方，这里的医生会采取一切能采取的措施来救人。他解释说，自那以后，他就没有再被那段经历困扰过。他不是那种总纠结"要是当时……会怎样"的人，而是坚信过去的都过去了，着眼于未来才是最重要的。他很幸运，后来情况得到好转，更显得纠结过往是毫无意义的。而他的经历也给我上了颇有意义的一课。

在采访吉姆一周后，我又采访了扎克，和他聊起孩子出生时他的体验。如今，这些在孩子出生后进行的访谈大多相当简短，因为新爸爸们不希望被我占用太多时间，一般在确认一切都好和采集血样后，访谈便会结束。但在那天晚上，我和扎克谈了一个多小时。他的孩子出生得非常顺利，可以说是不少准父母梦寐以求的——他妻子几乎没有受到任何医疗干预，通过水中分娩自然产下了一个漂亮的孩子艾登。尽管如此，扎克受到的创伤却非常深。他无法忍受自己看着妻子受苦却无能为力的事实。在那次生产后，他一直被消极情绪和当时场景的不断闪回困扰着。他甚至怀疑，如果他们有了二胎，他是否还有勇气再次踏入产房。吉姆和扎克的不同之处在于人格，这也是我在所有研究开始时都会首先评估的因素。对一个人而言会成为创伤的经历，对另一个人而言或许是可以承受并会被抛诸脑后的。因此，最重要的是要明确一点：并不存在谈论、感受或应对为人父经历的唯一正确的方式。不同个体的人格决定，他的体验是独一无二的。

长期来看，人格不仅会影响父子关系，还会影响整个家庭。新加坡国立大学（National University of Singapore）以瑞恩·洪（Ryan Hong）为首的心理学家团队从孩子年满 7 岁时起对 263 名父亲进行了为期 1 年的跟踪研究，以探究人格会如何影响父亲看待孩子行为的方式、教养孩子的方式以及 1 年后的家庭凝聚力。

研究团队发现，在孩子能够良好地控制并表达自身情绪的家庭中，无论父亲人格中的神经质程度有多高，教养方式都以正面支持为典型特征。相反，如果孩子在这方面存在障碍，神经质程度高的父亲则无法妥善应对，容易反应过度，试图通过严格管教孩子的方式约束其行为，并会通过不给予关爱和支持的方式来惩罚孩子。开放性强的父亲擅长应对容易出现不安、恐惧、愤怒等消极情绪的孩子，这或许是因为他们对新体验和挑战的开放态度让他们不会把孩子的行为视为带来压力的棘手难题,也就是说,他们处于一种见招拆招的状态。如果孩子性格活泼好动,想方设法耗尽父母的体力,人格中宜人性程度较高的父亲则更擅长应对这类孩子,因为他们能够适应孩子精力过剩的现象。责任心较强的父亲也能够应对孩子难以控制情绪和行为的问题,或许是因为这种父亲按部就班、注重纪律的行事风格有利于约束孩子。

做父亲是一件复杂的事,需要你去学习、观察和关注很多事,实现很多目标。不同个体履行父职的不同方式背后有着同等复杂的原因。人类也许是基因和经历综合影响下的产物,但这并非事情的全部。的确有很多人克服了童年被忽视的创伤和基因中的大量风险,成了最优秀的父亲。毕竟,人生的终点并没有在出生时就已完全注定,无论是生命最初 1,000 天内的还是迄今为止的所有经历都无法决定我们的人生之路最终走到哪里。生而为人最美好的事情之一就是,我们有能力反思我们是谁,又想成为谁,并在反思过程中在一定程度上左右自己人生的走向。为此,你可能要做出一些努力,但在适当的协助下,你是可以扭转人生的。这种协助或许只是和伴侣、家人或者朋友谈一谈你所经历的事情和遇到的困难;或许是寻求专业咨询师的协助,让他们帮你认识、探索或改善自己的天性和行为;或许是从本书最后所列的这类机构获取更强有力的帮助,以接纳自己的生活经历,与孩子建立牢固而健康的关系。你只要愿意,就真的可以成为你想成为的那种父亲。

第四部分

最初几周

第 7 章

宝贝，我爱你！

玩闹、欢笑和情感纽带的形成

设想这样一个场景。一个爸爸在办公室里度过了漫长的一天后终于回到家里。他打开家门，还没来得及脱下外套，还在蹒跚学步的女儿就张开双臂，兴奋地尖叫着朝他奔去。他拥女儿入怀，一次又一次地将她举过头顶。很快，小女孩就和爸爸笑成一团。然后，女儿开始在沙发上蹦跳，爸爸则拉着她的手，看着她一次比一次跳得更高。之后，爸爸猛地开始挠她痒痒，打断了这阵突如其来的蹦床游戏，然后再次把女儿抱起来，假装自己是一架飞机，在房间里跑来跑去。最后，两个人筋疲力尽地拥抱着瘫倒在沙发里，脸上洋溢着灿烂的笑容。爸爸终于到家了。

正如你从前几章中了解到的，父亲与孩子建立的深厚感情对孩子的生存和日后的成就都至关重要。不过，我们同样了解到，尽管父亲的催产素和睾酮基线水平发生了变化，他们并没有像母亲那样经历与怀孕和分娩相关的极端生理变化，因此在与孩子建立亲密关系时晚了母亲一步。那么，是什么导致了父子情感纽带的形成呢？

在第2章中，我们了解了父亲与未出生的孩子之间的情感纽带，但在本章中，我将探究孩子出生后父子间情感纽带的形成过程，这时的纽带可以说是更重要的。对母亲来说，分娩与大量神经化学物质有关。这些化学物质可以推动与控制分娩进程，还能缓解难以避免的剧痛。幸运的是，这些包括催产素和β-内啡肽在内的神经化学物质还有一个重要的作用：强化母子间的情感纽带。β-内啡肽本身就是一种奖励性化学物质，而催产素由于它与多巴胺的密切作用，也能激发母亲的爱意和强烈的喜悦，因此，无论漫长的日夜多么艰难，她都能熬过去，与孩子的感情也会牢固如初。但是，父亲虽然登上了一辆不折不扣的情绪过山车，却并没有经历过分娩带来的极端的生理和情绪挑战，因此不得不依靠与孩子在语言和肢体上的互动来促进与其建立重要情感纽带所必需的神经化学物质的分泌。在最初的几天和几周内，这样的机会可能并不好找，因为这一时期母亲是婴儿的主要食物和抚慰来源，父亲可能难以产生存在感。没错，这时父亲对家庭有着十分重要的作用，比如帮助母亲、应对访客、维持家庭运转等，但想找到一项能体现父子间独特关系的活动可能并不容易。理查德在孩子出生后的感受就很常见。

我很难与我的女儿弗洛伦斯产生联系，也很难把她的到来与我跟莎姆的关系联系到一起。我猜这可能是因为她出生时被送进了保温箱。她先被交给我，然后就被送了进去。在莎姆接受缝合的时候,她又被交给了我。显然,这是一段独特的经历,难以描述。当时我还没有做父亲的感觉,我的脑子跟不上当时发生的一切。当时我的感觉是,我和莎姆待在一起,然后房间里有个陌生的婴儿。

——弗洛伦斯(6个月)的父亲理查德

从长远看,与孩子培养感情无疑是个有益的过程,但这在短期内却可能是新手父亲最大的压力和焦虑来源。

对许多像理查德这样的父亲来说,尽管孩子出生的那一刻给了他们自豪又如释重负的感觉,但他们期待的那种汹涌而来的、深刻的爱与依恋却常常并不存在。在孩子出生后的那几天,如果父母选择母乳喂养,这种轻微的疏离感可能会加剧,毕竟母乳喂养是母子间的亲密互动,而父亲只能协助或者观察,无法参与。新生儿缓慢的发育也有可能加重这种疏离感,因为父子互动的机会不多,父亲很少能通过这些互动得到新生儿的回报。对父亲来说,这种情况极其棘手,甚至可能让他觉得自己是父母中可有可无的那个,作用仿佛花艺师和厨师。相信许多新手父亲会有扎克这样的经历。

我发现前3个月是最不容易的,主要是因为缺乏睡眠,也没有任何(来自我儿子的)回报。只有一遍一遍无休止地换尿布、喂奶、拍嗝。但是一旦熬过前3个月,我就渐渐感觉到收获了。比如,孩子的第一个微笑就非常美好,那是一种特别神奇的感觉,然后是孩子的第一次咯咯笑。

之后他就能对越来越多的事情做出反应了。

——艾登（6个月）的父亲扎克

婴儿在出生时极为无助。新生儿几乎只会吃、哭和睡觉，还会制造一大堆脏尿布。这种像永不停止的旋转木马一样循环的场景，所有新手父母都不会陌生。由于无法沟通，再加上还未与孩子形成情感纽带，新手父亲可能会觉得这个时期非常难熬。我在对父亲们的长期跟踪研究中发现，在产前访问中，他们常常表现得既忧虑又兴奋，不过至少睡眠充足；然而在产后两周的访问中，他们则变得疲惫不堪，就像"被聚光灯照到的兔子"一样无所适从。最近我访问的一名父亲便经历了一段他自认为陷入产后抑郁的时期。他总觉得孩子不喜欢他，因为他不能像妻子一样安慰她。父亲们努力尽职地育儿，履行换尿布、没日没夜地安抚哭闹的孩子等各项使命，但由于暂时未能发展出他们期待的那种深厚的情感纽带，他们可能会感到失落。再加上缺乏睡眠，以及需要尽快学习各种育儿技巧，他们会感到不堪重负。不过，随着时间的流逝和孩子视敏度的提高，孩子逐渐能够认出父亲，并能用微笑或者咯咯笑等方式做出反应，父子关系会就此发生转变。孩子在大约3个月时会开始和父亲玩耍，6个月时开始食用固体辅食，这就给父亲带来了陪伴孩子和寻找乐趣的无数机会，只要父亲能把被一个咯咯笑的婴儿抹满身苹果泥也当成一种快乐。

这种理想化的期待和现实之间的差距被视为一种"父性延迟"情况。父亲们常说，孩子6个月大时，他们和孩子之间的感情无论从深度、广度还是复杂度上看都比孩子刚出生时更深了，这确实是真的。1970 年，最早开展家庭研究的拉尔夫·特纳（Ralph Turner）在撰写论文时注意到了这一现象。他认为，父子感情的建立可分为两个阶段。第一阶段为孩子出生时，这时主要受催产素影响，父子关系靠的是以基因为基础的血缘关系。第二阶段姗姗来迟，建立在共同生活和互动之上，由对情感纽带建立有更强大作用的 β - 内啡肽驱动，会形成更牢固也更深刻的爱。

如果你是一名新手父亲，在孩子刚出生的那段日子你可能会有些难熬，但还是能采取一些行动来缓解焦虑，把握住少许机会与孩子培养感情的。假以时日，这种纽带终会形成。一个好方法是，试着找到只适合你来做的育儿工作。正如本书第 4 章所言，按摩始终是个有助于培养亲子感情并振奋精神的好选择。还有些父亲则早早开启亲子阅读的习惯，睡前给孩子讲故事。婴儿也许听不懂甚至无法专心观看书中的图片，但是父亲陪在孩子身边、让孩子听到父亲声音的机会是无价的。请记住，皮肤接触并不应该局限于孩子刚出生的那段时间，要抓住一切可以把孩子脱光光的机会（可以包着尿布），然后把他/她塞进你的衬衫或睡袍里，与你的皮肤紧紧贴在一起。很多父亲告诉我，这是一种非常美妙的体验。

所有第一次做父亲的人都会认同的一点是，只有等孩子稍微独立一点，他们完全参与育儿活动的愿望才能得到满足，他们才能建立起他们一直期待的情感纽带。直到这时，父亲才有机会与伴侣平等地分担育儿职责，通过一些严肃且父亲专属的互动来增加β-内啡肽的分泌。

> 我们父子间的互动方式的确和母子间的不同。倒不是说我对他很粗暴，可能是因为我跟他的互动、我抱他的方式和莎拉的不同。我这么说的一个原因在于，我在把他举高高的时候，看得出他真的很开心，只是莎拉可能会有点儿紧张。
>
> ——约瑟夫（6个月）的父亲约翰

当婴儿不再像刚出生时那样沉浸在睡眠和吃奶的混沌循环中后，就会出现一种非常独特且专属于父子之间的互动方式：玩闹（rough and tumble play）。一开始，这种行为可能只体现为父亲做鬼脸、发出滑稽的声音逗襁褓中的孩子微笑和大笑，但到后来，这种互动会演变为充斥着欢笑、喧闹而激烈的玩闹，并常常被母亲担心地喊停。孩子被抛到空中，被头朝下拎起，被挠痒挠到笑得上气不接下气，这些是我们每个人都感到熟悉的场景。这种活动不仅让人开心，对父子关系的发展和感情的维系也至关重要，在演化过程中有着悠久的历史。比较研究清晰地表明，许多动物都有玩闹行为。事实上，这种行为正是在人类的远亲——老鼠身上观察到的。这种现象导致科学家们意识到，游戏不仅有提供享受的作用，还奠定了婴儿成长发育的基础。如果一种行为在漫长的演化过程中一直得以保留，那么这说明它必定关乎包括人类在内的许多哺乳动物的存亡。

事实上，演化在确保父亲和孩子对此类趣味性互动的无意识喜好中起到了至关重要的作用。与拥抱、吃比萨、在网上看猫咪视频这些我们会感到享受的活动一样，玩闹也会刺激大脑释放大量奖励性化学物质，其中最有助于父亲培养与婴儿感情的就是β-内啡肽——目前公认的促使人类和其他灵长类动物建立情感纽带的一种主要的化学物质。

β-内啡肽是一种神奇的化学物质，不仅是人体天然的止痛药，对调节消化等许多人体重要功能也至关重要。但是，只有在大脑中，这种化学物质的影响力才是最大的。β-内啡肽的受体遍布大脑中所有关键区域，包括大脑中心的边缘系统内部以及新皮质的外表面。也就是说，β-内啡肽能够影响愤怒和爱等最基本的情绪体验，并能影响与人类意识密切相关的新皮质做出更加深思熟虑并对认知有较高要求的决定，其中就包括我们在当今这个从社会和技术层面上看都非常复杂的世界上生存的能力。正是这样广泛的作用范围使β-内啡肽成为最重要的情感黏合剂，毕竟，人际关系中种种细微的方面都与它有关。β-内啡肽还能让人上瘾！它是人体内的天然阿片。一旦体验过刺激β-内啡肽分泌的互动，你就会重复这种举动，希望获得更多β-内啡肽，沉迷于它所带来的温暖、亲密、狂喜和幸福感中不能自拔。许多行为上的互动都能使你更依赖β-内啡肽，大笑就是其中之一。

逗他笑特别特别容易，他总是动不动就大笑起来，我就是跳来跳去吓唬他也能逗得他笑个不停。这是我和他的专属互动，是我妻子永远不会去做的，只有我才会和他一起做。我几乎是唯一能随时随地把他逗笑的人。我喜欢这么做，这让我感到自豪，一小部分原因也在于我完全没想到这一刻能来得这么快。

——克里斯托弗（6个月）的父亲威尔

我们知道，人类在互相触摸、大笑、唱歌和跳舞的时候都会刺激 β-内啡肽分泌。我在牛津的研究团队在罗宾·邓巴（Robin Dunbar）教授的带领下进行了一项开创性研究，结果表明，从简单的二人世界到一大群欢呼的球迷，所有形式的人际关系都是由刺激 β-内啡肽分泌的活动维系的。如果活动能以全体一致的节奏进行，比如8个人齐心协力划船、一群人合唱或者看喜剧时全场观众哄堂大笑，这样的效果会更好。

近期我们才终于获得了能证明 β-内啡肽是亲子感情核心的确凿证据。2016年，阿蒂·乌尔默-亚尼夫（Adi Ulmer-Yaniv）与同事在《大脑、行为和免疫》(*Brain, Behavior and Immunity*) 杂志上发表了一篇文章，研究了 β-内啡肽、催产素和白介素-6（interleukin-6）的分泌。白介素-6是不久前刚被发现与我们的研究有关的化学物质，它会在压力诱发的免疫反应中起作用，有助于恋爱和亲子感情纽带的建立。乌尔默-亚尼夫认为，在这些亲密关系中，人体关于交往、奖励和压力的系统共同作用，促进了依恋的形成。催产素降低了关系建立（交往）之初的拘束感，β-内啡肽提供了一种令人上瘾的奖励，而白介素-6则表明建立新关系时难免会遇到一些压力，毕竟，我们都对初恋时的种种不确定感记忆犹新。乌尔默-亚尼夫研究了25对刚进入恋爱关系的异性恋情侣，以及作为控制组的25名单身男女和孩子为4~6个月大的115名新手父母。她从所有受试者身上采集血液样本，然后让他们互动。互动内容是让新手父母与孩子一起玩10分钟，让情侣一起计划如何共度"最美好的一天"。研究人员则观察受试者在多大程度上会表现出有助于加深情感纽带的积极行为，如对视、面部表情、声音和触摸以及这些行为的同步性程度。他们发现，在刚刚建立情感纽带的亲子和恋爱关系中，这三种化学物质的水平都显著高于单身群体。此外，新手父母的β-内啡肽和白介素-6水平高于刚在一起的情侣，而后者的催产素水平更高。这又意味着什么呢？意味着有确凿证据证明，β-内啡肽是影响亲子间长期情感纽带的关键化学物质，做父母比坠入爱河带来的压力更大！而催产素的重要性体现在短期关系上，因此虽然情侣在恋爱初期的催产素水平很高，但父母仅凭催产素是无法建立亲子情感纽带的。事实上，乌尔默-亚尼夫发现，在新情感纽带建立之初的狂热期，这三种化学物质之间的相互作用达到峰值，而这种狂热不分父亲和母亲。β-内啡肽的确是一种与父爱和母爱紧密相关的化学物质。

现在我们应该已经明白，为什么玩闹对培养父子感情至关重要，并且是刺激β-内啡肽大量分泌的完美互动形式。这种玩耍形式充满大量肢体动作和欢声笑语，要求参与者实现行为同步以获得最佳游戏体验，毕竟把自己抛向空中后落下时没人接住可不是什么好事。玩闹是刺激关键化学物质分泌的最佳方式。不过，为什么父亲是这种活动的主要参与者？为什么多项研究表明，孩子更喜欢和父亲而非母亲一起这样玩耍？答案就在于亲子大脑之间神奇的同步性——演化主动选择了这种方式来培养父子感情，同时为孩子提供最好的成长环境。

在另一项开创性研究中，露丝·费尔德曼观察了以色列父母在 15 分钟内与他们 4~6 个月大的孩子玩耍和互动的情况。在研究开始前后，研究者会分别提取一次受试者的唾液和血液样本。结果发现，在与孩子互动后，父母双方的催产素水平均有所上升。但是，最能刺激父母催产素水平到达峰值的互动类型，对父亲和母亲而言则是不同的。对母亲来说，与孩子的互动以拥抱、轻抚和柔声细语等悉心照料而非玩闹的方式为主时，她们的催产素水平到达峰值。父亲的情况则正好相反。尽管这两种互动方式他们都会采用，但只有在玩闹时他们的催产素水平才会达到峰值。在本章后面，我们将看到，玩伴的角色对孩子的成长而言至关重要，因此，为使父亲更适合承担这一角色，演化让父亲在玩耍过程中获得了特殊的奖励，而父亲则倾向于采取能获得最多奖励的行为方式。以下研究发现为这一结论提供了证据：如果在父亲与婴儿互动之前向其鼻腔内喷入催产素——是的，这种奇怪的工作也是科学家日常的一部分——他们的玩耍行为会变得更加热烈和投入，但照料行为却并没有任何变化。

因此，我们找到了父亲几乎总是发自内心地想和孩子玩闹的原因，但是孩子的动机是什么呢？对孩子来说，选择和谁一起玩闹似乎也与获得的神经化学奖励的多少有关。当父母的催产素水平升高，行为获得强化，孩子自身的催产素水平也会随之提升。因此，孩子会从母亲的悉心照料和父亲的陪伴玩闹中获得刺激,促进催产素分泌。这是一种神奇的神经化学现象,是生物行为同步性的结果,对亲子情感纽带的健康发展是不可或缺的,就像对准父母之间的情感纽带一样重要。由于此类亲子互动大多始于孩子出生后第一年,而这一时期正是人类婴儿的大脑快速发育成形的阶段,孩子开始根据亲子活动的不同而与父母双方分别形成生物化学同步性。于是,孩子首选的玩伴是父亲,而需要照料时则会首先寻找母亲。这一发现使我得出了两个明确的结论。第一,玩闹是西方父亲与孩子构建和巩固亲子情感纽带的方式;第二,父母之间的角色划分在一定程度上是由生物学和演化驱动的,目的是为孩子提供最佳的成长环境。

尽管如此,玩闹行为也并非百分之百由基因决定。眼尖的读者可能已经发现,我在前文中加上了"西方"这一限定词,因为与孩子通过玩闹来互动的习惯主要体现在西方父亲身上。回想一下第5章提过的刚果(金)阿卡族父亲,他们是尽职尽责、亲力亲为的育儿典范,却并没有选择玩闹作为互动方式,而是时时刻刻陪在孩子身边,给他们讲故事和唱歌。如果说玩闹是西方父亲培养亲子感情的基础,那么,在父子关系同样亲密的非西方社会,为什么父子间的玩闹没有那么随处可见呢?问题的关键是时间。西方父亲白天常常外出工作,远离家庭,长时间缺席孩子的生活,而这就大大减少了他们可以用来建立和维系亲子情感纽带的时间。一般来说,玩闹是一种动作激烈、声音吵闹的活动,因此在有限的时间里反而显得格外有效。正是玩闹使西方父亲拥有了培养亲子感情的快速、高效的方式。β-

内啡肽是一种作用强大、引人上瘾的化学物质，而激烈的玩闹行为要求参与者必须快速了解对方的意图和情绪，才能避免场面出现混乱，因此，玩闹是一种有助于两个人迅速熟悉起来的机制。在没有充足时间的情况下，玩闹对父子感情的建立至关重要。与西方父亲相反，阿卡族父亲无论走到哪里，不管是去打猎还是去社交，都会把孩子带在身边，因此父子有充足的时间待在一起，分泌催产素和β-内啡肽，了解彼此的性格。

现代父亲既然从孩子出生第一天起就准备与母亲分摊育儿职责，亲子关系建立太晚会成为一个棘手的问题。我个人认为，我们应该帮助父亲协调他们对这一人生阶段的期待。一种理想情况是，助产士、健康随访员和产前培训师能告诉父亲们，父子关系和母子关系一样独特且同等重要，只是发展的速度和方式不一样。如果以母亲的情况为唯一准则，父亲是注定会失败的。因为，父亲，你并不是母亲的男性版本。在孩子的世界里，你是与母亲同等重要却扮演着截然不同角色的存在。如果你有足够的耐心，投入你的时间和精力——尤其是给孩子挠痒，跟孩子一起蹦跳和奔跑——不要灰心，你会与孩子建立起最为深刻也最有成就感的关系。

我们在第 2 章中了解到，亲子关系不仅仅是一种纽带，更准确地说，是一种依恋关系。虽然产前依恋主要是由父母主导的，但在孩子出生后，产后依恋关系的建立也需要孩子的行动参与和情感投入。所有哺乳动物的幼崽都与父母存在依恋关系，但人类是极少数在婴儿期便能与父亲形成强烈双向依恋的哺乳动物之一。

> 你踏上了这条有去无回的路，付出了很多很多。不过没关系，我从一开始就知道会这样，而且我现在的收获可能是我付出的一千倍。我想说，在过去几个月里，我的儿子开始给我回报了。他会笑了，会和我互动，会揪我的头发，这一切都非常有趣。
>
> ——肖恩（6个月）的父亲吉姆

几十年来，人们一直以为只有母子关系才能影响孩子的幸福和健康，因此认为评估父子关系的手段是多余的。直到最近，当越来越多证据表明父子关系也能给孩子的成长带去深远的影响，学术界的空白才得到填补。在第2章中，我们曾提到这一领域的先驱之一、位于澳大利亚阿德莱德的弗林德斯大学的心理学家约翰·康登。他和他的研究团队在过去10年里开发出了一套针对产前和产后父子依恋关系的评估体系。他们认为，父子关系无论是从类型还是功能上看都与母子关系截然不同，因此他们率先提出了专门针对父亲设计的评估方法。可惜，直到今天，专门针对母亲设计的产后心理健康评估方法仍然被套用在父亲身上，使医生难以做出可靠的诊断。

约翰·康登根据大量对父亲进行访谈、探索亲子关系的记录，从情感和行为的3个不同方面对父子间这一重要纽带提出了一个聚焦于父亲的独特定义。这3方面包括耐心和宽容、互动中的乐趣以及喜爱和自豪感。他发现，如果父亲与孩子之间形成了安全型依恋，那么父亲在与孩子的互动中不会表现出无聊或烦躁的情况。尽管这些情绪本身是存在的，父亲整体上依然会感到快乐、满足并充满自我价值感，在谈及与孩子的互动时会感到温暖和自豪。父亲采取这些行动或体验这些情绪的频次和程度会在孩子半岁到 1 岁之间发生改变。我和其他研究人员在研究中观察发现，孩子半岁大的时候，做一名宽容的父亲似乎比体验快乐更重要，这属于一种生存策略。但到孩子 1 岁的时候，这种情况发生了逆转。随着孩子不断长大并逐渐融入家庭生活中，对宽容的需求逐渐减弱，玩耍和双向交流的乐趣逐渐突显。做父亲开始成为一件真正的乐事。

父亲能否对孩子形成安全型依恋，取决于父亲自身在童年早期的经历。正如我在前几章中提到的，亲子情感纽带的形成与社交行为相关脑区的发育是同时进行的，因此，一名男性所了解的做父亲的方式是有意或无意地从自己父母身上继承或习得的。因此，失调的亲子关系和行为可能会产生跨越代际的影响。但是，对那些希望选择与自己父母不同的育儿方式的父亲来说，希望依然存在。随着我们对产后独特的父子依恋关系的认识不断增加，我们发现了越来越多的影响因素。我们发现，周遭环境，尤其是与身边人的关系能给父亲带去强烈的影响。伴侣是否支持他们履行父职，他们与伴侣之间的关系是否健康，都会给他们对孩子的依恋带去极大的影响。此外，父亲的心理健康、孩子的性格——是容易相处、调皮好动还是爱哭闹——以及父亲对家长身份的整体自我价值感或许都是极为重要的影响因素。

在近期的一项研究中，位于澳大利亚墨尔本的蒙纳士大学（Monash University）的一个研究团队对这些因素进行了梳理，他们试图了解是否存在对父子情感纽带牢固程度影响最大的单一因素。该项研究由发展心理学家凯伦·温特尔（Karen Wynter）主导，分别在孩子满月和6个月时评估父子间依恋关系的强度。此外，研究人员请270名父亲填写了一系列问卷，评估他们的心理健康和人格脆弱程度、孩子的人格、他们与伴侣的关系以及伴侣给予他们的支持。研究人员发现，对孩子依恋最弱的父亲更有可能出现心理问题，人格也更脆弱，容易出现缺乏魄力、面对批评过度敏感等情况；他们从伴侣处获得的支持较少，而伴侣对他们的育儿方式的批评也更多。因此，影响父子感情的因素有很多，包括内部的和外部的。但是，长期以来，有一个关于亲子关系的假设并没有得到证据的支持，那就是"难管教的孩子更难建立情感纽带"的观点。孩子的人格对父子间情感纽带的建立没有影响。事实上，正如我们在上一章中探讨的，部分父亲，尤其是那些宜人性和开放性强的，更擅长与难管教的孩子建立起情感纽带。

我在第3章中讨论过的身份问题似乎也对父子情感纽带的牢固程度具有强大的影响。在2010年针对新手父亲的研究中，谢琳·哈比布和桑德拉·兰卡斯特发现，与那些认为自己的主要职责是养家糊口，或受文化传统影响而自视为妻子的帮手、"次要家长"的父亲相比，那些以共同育儿为己任，并将其视为自己身份重要组成部分的父亲与新生儿建立的依恋关系更强。对我们这些研究人员来说，重点在于，许多研究关注的都是产前或产后很短的一段时间。这就意味着，正如我在第3章所言，我们能够预测哪些父亲在产前或产后的短时间内可能难以与孩子建立至关重要的依恋关系。一旦发现哪些父亲可能面临这样的问题，我们就可以为他们及其伴侣提供支持和引导，帮助他们营造更健康的环境，例如帮助他们和伴侣彼此支持，评估他们的心理状况，教授他们实用的技能，以提升他们作为父亲的自我价值感。此外，我们还可以帮助他们认识到，父子关系的基础不过是触摸、大笑、交谈、唱歌这些非常基本的人类行为。因此，关键在于，要帮助父亲抛开束缚，唤醒自己内心的小孩，从这一层面出发与自己的孩子真正建立起联系。

显而易见的是，父母双方都会与孩子建立深刻的依恋关系，但在许多传统的西方家庭里，母亲依然是孩子主要的依恋对象，主要是因为父亲必须外出工作赚钱。但在部分情况下，即使因为工作关系与孩子相处的时间有限，父亲也仍然会成为孩子的主要依恋对象。

在 2010 年的一项对父子依恋关系的研究中，美国犹他大学（University of Utah）的托德·古德塞尔（Todd Goodsell）和贾伦·梅尔德伦（Jaren Meldrum）采访了多名准妈妈，以了解她们与自己的父亲之间的关系。其中 4 名女性成了他们关注的焦点。她们与父亲产生了安全型依恋，与母亲却没有产生这样的依恋。研究人员希望探究导致这种现象出现的家庭结构，以及父亲传授给她们什么技能，又对父女关系进行了哪些投入。在所有这些家庭里，母亲都并未缺席，且父母双方都有全职或兼职工作，因此父女之间形成这样的依恋关系不可能是因为父亲是女儿的主要照料者。

他们发现，这些父亲和那些在家庭中成为子女主要照料者的同性恋父亲一样，同时承担了照料、看护、养家、陪玩和教育等多项职责，从而在母女间缺乏健康依恋关系的情况下满足了孩子的全部成长和生存需求。在受试者讲述的一众父亲中，托德和贾伦关注到了"典型的全能父亲"：

> 他们不仅是女儿社会活动的主要支持者，还是她们约会和恋爱过程中的顾问，也是更"体贴"、更"有同理心"的那个家长，而且比母亲更常拥抱女儿和口头表达爱意与鼓励。他们是女儿在道德和学业上的导师，是倾听者，甚至连女儿月经初潮都是他们来帮助应对的。

即使在玩闹等大多由父亲参与的活动中，女儿们也表示，父亲会借此机会提供建议，表达观点，甚至教授她们一些技能。虽然一天中的大部分时间都在工作，父亲却仍能与女儿建立亲密的依恋关系，这表明在亲子关系的建立中，最重要的因素并不是空间距离上的接近。对要兼顾家庭和工作并因此常常感到有些内疚的父亲来说，这是个令人欣慰的好消息。

可是，为什么这些父亲在女儿生活中的重要性如此突出呢？在某些情况下，他们是在为那些不能或不愿向女儿表达爱意的母亲做补偿。在另一些情况下，也许母亲和女儿的性格不合，或者女儿认为母亲对自己的照顾不够，再加上她们与父亲的个性和观念更合得来，于是她们会把关注点转向父亲。这项研究告诉我们，父子间的依恋关系和母子间的一样深刻、强烈和多样化，是关怀和爱的重要来源，关键还是孩子学习实用技能、提高情商和获得经验的重要来源。这些都将为孩子未来的成功奠定坚实的基础。

* * *

我以玩闹作为这一章的开始,也将用它来作为结束,因为正是在这种玩耍形式中,我们看到了父子间依恋关系关乎生存的重要意义。玩耍是有趣的,快乐的尖叫和洋溢的热情证明了这一点,但玩耍也是很可怕的,因为你需要完全了解玩伴的意图和界线并对其抱有高度的信任。在这一点上,玩耍与拓展人脉、结交新朋友本质类似。诱惑我们的不仅有快乐和亲密,还有最重要的β-内啡肽,但我们却害怕被拒绝,害怕感情受到伤害。在与孩子玩耍时,西方父亲不仅在巩固父子情感纽带,还在做一些对双方生存同等重要的事。他们在帮助孩子为将来进入艰难而危机四伏的社交世界做准备。人类需要合作才能生存——要抚养后代,学习能让我们最终实现经济独立的技能,确保我们拥有食物、水和住所等基本生活资源。玩闹使孩子能够在安全的前提下学习生活中必备的技能,毕竟他们永远可以回到父亲身边,得到一个令人安心的拥抱。我们将在第9章中探讨父亲作为老师的职责,并在第10章中探讨父亲在孩子成长中的角色,但是约翰·康登的研究让我们逐渐认识到,父子间的依恋关系和母子间的完全不同。卡琳(Karin)和克劳斯·格罗斯曼(Klaus Grossmann)认为,母子依恋关系以安全感为主,以充满爱的关怀和照料为基础,而父子依恋关系则以安全感和安全的探索为主。加拿大蒙特利尔大学的发展心理学家丹尼尔·帕克特（Daniel Paquette）认为，其实父子关系中最重要的是激励而非依恋。他认为，这一紧密的情感联结让孩子有自信去探索不熟悉的环境，发挥自己的主动性，勇于冒险，在陌生人面前也能表现得独立和自信。父子关系是孩子发展个性和自主性的源头，并最终可能帮助孩子取得人生的成功。

研究孩子与其依恋对象相处情况的不同方法也体现了这两种依恋关系的显著差异。当我们研究婴儿与母亲的关系时，写字板和问卷毫无用处，因为婴儿只会开开心心地留下一堆被撕碎的纸张和一支被咬坏的笔。于是，我们转而选择了一种名为"陌生情境"（The Strange Situation）的行为情境测试方法。它是发展心理学家玛丽·安斯沃斯（Mary Ainsworth）于20世纪70年代首次采用的。这种方法通过婴儿与母亲和陌生人的一系列互动来研究母子间的依恋关系。陌生人的角色通常是由研究人员来充当的。研究人员通过观察在有无母亲的陪伴的情况下孩子与陌生人互动的情况，以及母子分开一段时间后孩子重新见到母亲时的行为，来评估孩子对母亲的依恋程度。然而，我们这些做父亲研究工作的人认识到，尽管父亲必然也会参与育儿，但他们很少会承担主要职责，父子间的互动也有所不同，因此，"陌生情境"方法无法从孩子的角度表现出父子间独特的情感纽带的精髓。孩子在父子关系中寻求的东西也和在母子关系中寻求的不同。因此，帕克特和同事马克·比格拉斯（Marc Bigras）采用了"危险情境"（The Risky Situation）方法——从名称上便能大致了解其内容。在这个情境中，研究者通常会选择12～18个月大的婴儿，使其面对两个明显具有挑战性的情境，分别为由一个陌生人带来的社交风险和一段阶梯带来的身体风险。孩子应对陌生人和楼梯的方式清晰地表明了他们与父亲之间依恋关系的质量如何。

孩子对父母的依恋可分为三种不同的依恋类型，分别为安全型、焦虑或矛盾型以及回避型。安全型的孩子对自己和照料者的关系有信任感，能被照料者安抚，虽然也会因为和照料者分离而不安，但能够进行自我安慰，因为他们知道照料者是会回来的。焦虑型的孩子则会担心照料者一去不回，因此很害怕与他们分离，也害怕冒险。回避型的孩子无论在情绪还是身体上都非常独立，不会依赖照料者。他们不会对照料者的帮助和安抚表现出任何期待，与其分离也不会让他们感到痛苦。通常情况下，这类孩子会做出在身体上冒高风险的尝试。

在帕克特和比格拉斯的测试中，安全型的孩子会主动探索环境，自信地与陌生人互动，但是所冒风险较为适中，且会遵守父亲为他们设定的规矩。相比之下，焦虑型的孩子则会紧紧跟在父亲身边，不愿接近陌生人和楼梯。而回避型的孩子在接触陌生人或爬楼梯时都较为鲁莽，也不会遵守父亲设立的规矩。通过了解父子间独特的情感纽带，帕克特和比格拉斯在简单的测试中设计出了足以体现这一重要而复杂的关系的场景。

在学术层面上，我们知道，父子间的情感纽带对孩子的成长、家庭的健康运转以及社会的稳定都至关重要。但在个人层面上，这一纽带体现的是对双方都有益的亲子间深刻的爱。对准爸爸来说，当他们畅想未来与孩子共度的人生时，这种纽带是他们梦寐以求的,是高质量父子关系的核心。仅出于这一个原因,它就值得我们的关注。无论是准爸爸还是新手爸爸,都不要忘记,第一次见到亲生或领养的孩子时,没有哪种感受是"正确的"。虽然有些父亲能立刻感受到深沉、强烈的爱意,但大多数人都和阿德里安一样,并不会有这样的体验。

> 有趣的是,一直以来,别人都觉得"阿德里安天生就能和孩子建立感情,他会是那个请假照顾孩子的人,因为他喜欢孩子,而且擅长养孩子"。但其实第一次见到(我们女儿)的时候,诺亚才是那个冷静地蹲下去和她一起玩的人。我坐在沙发上,有点儿不知所措。
>
> ——朱迪(7岁)的父亲阿德里安

阿德里安的体验对很多父亲而言都不陌生。但我可以向你保证,阿德里安后来还是和朱迪建立了稳固而充满安全感的依恋关系。初次与孩子见面那段时间可能压力不小,你可能还会对孩子感到陌生,毕竟你得花些时间才能接纳这个闯入你家并会从根本上改变家庭结构和运转方式的新成员。现在我们已经知道,情感纽带的建立需要一些时间,而且很可能要到父亲能与孩子进行双向互动并真正了解彼此个性时才开始真正形成。但是,有很多方法可以促进这种特殊纽带的形成,比如创造和孩子一对一互动的机会,设计父亲专属的育儿活动,让欢笑和触碰成为互动的核心,利用父亲最擅长的玩闹动作等。尝试去适应这一节奏,情感纽带终会形成。请记住,你的伴侣与孩子之间的纽带和你与孩子之间的纽带是不同的，因为你们是不同的个体，或许还承担着不同的角色。尽量不要与对方比较或者竞争，毕竟做父母并不存在唯一的标准。孩子真正需要的是对父亲充满安全感的依恋。这会使他们在安全感的包围下进入外部世界，体验自己的人生，无论经历是好是坏，因为他们随身携带着父亲教给他们的知识，而且确信父亲会陪伴他们，做他们的坚实后盾，以及他们永远可以回来寻求关怀和安慰的对象。

第 8 章

从二人世界到三口之家

父母的角色和关系

母亲和父亲并肩坐在沙发上,眼睛紧盯着电视屏幕。屏幕上正在播放一个小女孩的视频,那是他们的女儿。阳光明媚,天气和煦,小女孩正在花园里玩耍。观看视频时,父母脸上流露出了许多情绪。小女孩沉浸在自己的幻想世界中。看着她肆无忌惮地疯跑和大笑,父母会心地相视一笑;看到她爬上绳梯时手里原本抓着的绳子突然松开,母亲脸上闪过一丝担忧和焦虑,而父亲却因为孩子的运动能力和勇敢精神而满脸洋溢着自豪。当小女孩大笑着穿过草坪追逐一只不堪其扰的鸽子时,父母也感受到了她此刻的快乐,爆发出了类似的笑声。这样的场景在每个家庭里都曾反复出现。如果按照性别划分,这对父母的反应是非常典型的。

在本章中,我们的关注点不会仅仅聚焦在父亲身上,还将扩展到整个家庭,探讨父母双方如何共同努力来为孩子提供成长所需的一切,以及孩子的诞生——无论是头胎、二胎还是三胎——会对父母之间的关系带去什么样的影响。我们将探讨让每个人在这一转变过程中都感到快乐和愉悦的方法。此外，我还会向你介绍父母看待家庭和家庭内部关系的截然不同的方式。这有助于我们理解为什么父母关系不佳对父亲和家庭关系的消极影响更为显著。

人们会拿男女育儿方式的差异开玩笑，这是许多情景喜剧和电影中常见的陈词滥调，但在本书中，我们探讨的是50万年来人类大脑演化的结果，其最终目标是打造一个有能力为后代提供最佳成长环境的育儿团队。虽然并非所有孩子都会在异性恋或同性恋核心家庭长大，但在这些环境中成长的孩子会对两名家长的大脑、生理和心理造成巨大的影响。

> 在别人看来，我们的区别在于管教方式。我是那个容易发脾气的人，莎拉则比我更沉着冷静，能和他们讲道理。那他们在什么情况下会来找我呢？可能是遇到我喜欢做的事，或者我喜欢和他们一起做的事的时候吧。所以，如果他们想去骑自行车，他们就会来找我。莎拉和他们一起做的创造性活动比较多，我一回家就能看到颜料和蜡笔，（然后我会想，）哇，真不容易。
>
> ——约瑟夫（4岁）和利奥（2岁）的父亲约翰

我经常听到与这段引文相似的叙述。在第2章中，我们了解到，孕期准父母的催产素基线水平具有同步性。普遍观点认为，正是同居伴侣密切的行为和生理联结触发了这种神奇的生物机制，从而确保伴侣关系稳固、言行接近，这一点对维持某种控制力以及为孩子提供成长所需的坚实基础至关重要。不过，演化不喜欢多余之举，也就是说，如果一种事关生存的行为可以由一个人完成，那么是不会出现两个人同时努力的情况的。一个人的精力是有限的，养育人类幼童的工作又非常繁重，如果父母中的一方能腾出手去实现另一个同等重要的育儿目标，演化就不希望双方一起做相同的事。因此，这种激素水平的同步并不一定会导致行为的同步。我们当然明白这一点。即使是关系最平等的父母，如非洲刚果（金）的阿卡族父母，双方承担的角色也是有所不同的：父亲负责哄睡，母亲负责哺育。在西方一般的传统家庭中，父亲负责陪玩，母亲负责哺育；父亲帮孩子拓宽成长的边界，母亲则对活动时间进行规划；父亲修补坏掉的玩具，购买游戏机，母亲则负责烘焙、绘画和粘贴游戏，就像约翰的妻子那样。在第 7 章中我们了解到，父亲的催产素分泌会在与孩子玩耍时达到峰值，母亲则会在照料孩子时达到峰值。作为演化的结果，大脑会确保父母分别喜欢进行对孩子来说同等重要的不同活动，使这支由父母组成的育儿团队能够面面俱到地满足孩子的所有需求。这种神经化学层面的差异也相应地体现在大脑活动的差异中。

2012 年，孩子均为 6 个月大的 15 对异性恋父母自愿在观看孩子玩耍的视频时接受了功能性磁共振成像扫描和对其大脑活动的分析。以色列心理学家希尔·阿齐尔（Shir Atzil）希望能借此观察，父母的行为和神经化学差异是否会导致父母育儿时的大脑活动出现差异。她希望在大脑的某些区域看到同步性，证明某些技能和行为对想建立亲密依恋关系的父母而言是不可或缺的；在另一些区域看到不同步性，证明同一育儿团队不同成员之间存在行为差异。实验印证了她的想法。在观看孩子玩耍的视频时，父母双方大脑中与同理心和心智化（mentalizing）相关的区域内活动明显。心智化指察言观色并领会他人想法和感受的能力，也就是从他人角度出发设身处地思考问题的能力。如果你想操纵一个人，想撒谎或欺骗对方，这种能力是至关重要的，因为它能让你预测他人的下一步行动。但如果你想关心一个人，这种能力同样是必不可少的，因为它能让你感受到他人的感受，做出适当的反应，并预测他们接下来可能有什么需求。心智化的能力是亲子间安全型依恋关系的基础。父母双方的大脑活动模式表明，他们都具备能促进他们与孩子建立这种依恋关系的神经系统能力。

然而，在大脑的其他区域，两性之间存在显著差异。在母亲的大脑中，演化过程留下的古老核心——边缘系统（limbic system）是最活跃的。这个区域位于大脑正中央，与情绪密切相关。母亲大脑中的边缘系统比父亲的更活跃，反映出了母职行为的特点——关爱和照料。边缘系统中有一个区域特别活跃，就是杏仁核（amygdala）。这个小小的组织能够检测到风险的存在，使人做出反应。这就表明，除了照料孩子之外，母亲还时刻留意着环境中是否存在威胁。本章开头提到的小女孩差点从绳梯上滑落就属于这种情况。与之相比，父亲的大脑中变得活跃的是新皮质，也就是位于大脑最外层的沟壑纵横的区域。父亲脑中与社会认知相关的区域更加活跃，这个区域使人们能够处理复杂的想法和任务并制订计划。这或许反映出父亲承担着某些特殊职责，比如在教育和鼓励孩子独立方面承担的职责远超母亲。在观看孩子玩耍的视频时，父亲在评估她的能力，计划下一步如何继续帮她突破成长的边界。此外，新皮质与人类更高级的智力和能力有关，因此父亲大脑中该区域的活跃恰恰体现了父亲的角色与生俱来的灵活性。

在第 5 章中我们得知，父亲这一角色的力量和价值很大程度上取决于他快速应对环境变化以确保后代存活的能力。只有思维足够敏捷才能做到这一点，因此父亲大脑中的新皮质才变得活跃起来。还有一点也很有趣。这些最活跃的区域，即母亲大脑中的古老核心和父亲大脑中的新皮质表明，父母的角色是在不同的时间节点演化而成的。母职行为古已有之，在最早的爬行动物中就已存在，但人类的父职行为最多不过 50 万年历史，这也就意味着做父亲所需的种种技能与大脑最新演化而成的区域密切相关。

有一点需要说明，希尔的研究成果并不意味着父亲从来不照顾孩子，母亲从来不教导孩子。我们都知道，事实并非如此。为了避免重复工作，演化使母亲和父亲的大脑分别专注于孩子的不同需求，从而确保父母能携手满足孩子的所有成长需求。有趣的是，同性伴侣在育儿时也有此类表现，主要负责照料孩子的一方的大脑中两个区域均表现得较为活跃。在核心家庭中，演化的力量使得无论承担育儿职责的人性别为何，孩子都能获得一支完美的育儿团队的精心照料。

＊＊＊

> 我跟黛比都觉得，在生下安娜第一个月左右的时候，她好像不是我们生的，不是我们的孩子，太奇怪了。不过几个月后我们就开始觉得"这是我们可爱的小家伙"了。直到最近，她开始表现出一些个性，我就真的感觉到她是我的女儿，是我要去照顾的那个人，我要看着她长大……所以，即使没花几个月，也是过了好几个星期之后，我们才真正意识到我们有了个孩子。然后，有孩子的感觉会持续（很久很久）。
>
> ——安娜（6个月）的父亲史蒂夫

孕期是我们生命中为数不多的有明确开端和结尾的时期之一。大多数父母有足足9个月的时间来为即将如暴风骤雨般袭来的育儿工作做好准备。显然，这意味着父母有时间把所有关键准备工作做好，采购一些重要物资，以及巩固父母之间的关系。可惜，在做准备的时候，父母关系却常常是被忽视的一项，很少有产前课程会关注这一方面，大部分准父母也不会花太多时间对其进行讨论。但是，如果我们用人力资源经理习惯采用的说法来进行类比，把父母视为一个高效的工作团队，那么在孩子出生之前，准父母是一个二人团队，共同经历过团队建设的艰难时期，在幸运的情况下已经形成了一种愉快而平衡的关系，也早已磨合完毕。然而，孩子的出生给这个团队增加了新成员。此时，原来的两名成员无论是体力还是精力或许都已所剩无几，这可能会导致一场巨大的"风暴"，毕竟两个人都要去努力接纳这名新成员。他们不得不合作承担起自己一开始并不知道如何着手，更不知道如何完成的任务——满足一名根本无法表达自己的需求，只会朝他们大喊大叫的"新上司"的要求。听起来压力巨大，对吗？或许我们可以通过这个角度明白，如果想完美应对这种新状况，为什么要让父母的关系在孩子出生前尽可能保持稳固和健康。

我们知道，对父母来说，做父母的体验如何，与他们对彼此关系的满意程度密切相关。也就是说，父母关系越紧密、越情投意合，他们对伴侣的满意程度就越高，做父母的体验就越美好。具体来说，在满足3个标准时，新手父母会对他们的关系感到高度满意。第一个是他们对彼此在育儿中扮演的角色表现出了支持和鼓励。第二个是他们对共同育儿的看法一致，以及对育儿任务的分工感到满意。第三个则是孩子性格好相处，并进入了较为自立的成长阶段。随着孩子逐渐长大，能够有效表达自己的需求，并能自己满足这些需求——比如吃饭，父母的日子会变得好过一些。这种变化减轻了父母的压力，在理想情况下也能使他们的关系更加稳固。但是，在这些父母共同面对的问题之外，还有一些因素对父亲比对母亲更重要，其中最主要的就是孩子的人格以及更重要的一点——母亲对父亲育儿角色的支持。

"母职守门"（maternal gatekeeping）一词指的是母亲阻止父亲与孩子相处的观念、态度和行为。在世界范围内，极端的母职守门行为是很罕见的，但在许多冲突频繁的亲子关系中，带有此类行为色彩的事例随处可见。这种情况最常出现在分居或离婚的夫妻中，但也会出现在一部分夫妻并未分居的家庭中。出现这种情况的原因可能是婚姻不睦，母亲把限制伴侣与孩子相处作为向对方表达不满的武器，从而导致家庭不稳定和更多冲突。了解这种情况是很重要的，因为母职守门行为可能会对婚姻关系、父子关系乃至孩子的成长产生严重的消极影响。出现母职守门情况的母亲倾向于公开、过度地贬损父亲的教养方式，破坏他们规训孩子的努力，并会以和孩子相处的时间为筹码给父亲设定无法达到的标准。她们会控制孩子的全部活动和时间安排，认为母亲才是孩子最好的照料者，不愿放手让任何人分担一点点照料孩子的职责。最重要的是，她们认为父亲在育儿活动中的角色和母亲不是平等的，更像是母亲的助手，而她们自己，身为人母，才是说了算的那个。

马修·史蒂文森（Matthew Stevenson）主持的由多所美国大学的心理学家和社会学家组成的团队对365个墨西哥裔和欧洲裔美国家庭进行了研究，探讨了母职守门现象的成因、其对父亲与青春期子女之间关系的影响以及对青少年自尊感的影响。他们发现，如果不考虑种族和社会经济地位因素，那么婚姻中存在的如争吵、吹毛求疵、嫉妒和不忠等问题越多，母亲就越容易出现母职守门的情况，也就意味着无论孩子是男是女，父亲陪伴孩子的时间都会减少。这样一来，孩子就会觉得自己在父亲心里不重要，或者不像以前那么重要。这种感觉会导致自暴自弃和无法控制情绪的情况频繁出现，可能会对孩子造成令人担忧的后果。

大部分父亲不会在婚姻中遇到母职守门的情况，但所有父亲的行为和心理健康都会受到伴侣对待他们履行父职的态度的影响。如果伴侣给予他们鼓励和支持，积极地让他们和孩子相处，父亲出现心理问题的风险会降低，他们更容易适应新身份，也有助于父子感情的培养。在 2014 年的一项研究中，伊尔瓦·帕菲特（Ylva Parfitt）带领英国萨塞克斯大学（University of Sussex）与伦敦城市大学（City University of London）的学者对一群处于过渡期的准父母进行了跟踪研究，其中包括 72 名孕期女性和她们的 66 名男性伴侣（因为不是所有伴侣都愿意参与研究）。受试者接受了研究人员的采访，谈论了自己的心理健康以及对伴侣关系的满意度。孩子出生后，研究团队会在孩子三四个月大时再次到访，将孩子的人格纳入考虑。研究人员得出了两个重要结论。第一，对父母而言，亲子情感纽带的稳固程度在很大程度上会受到孕期准父母对双方关系满意度的影响。这表明，可以通过评估伴侣关系来预知未来的亲子关系。第二，准父母对伴侣关系的满意度会影响亲子关系这一点同样适用于孩子已满 15 个月的父亲。此时，男性的心理健康也对父子关系有影响，但在这一阶段影响母子关系的主要因素只有孩子的人格。与母子关系相比，伴侣关系对父子关系的影响似乎更大，持续时间也更长。对父母来说，这就意味着孕期处理好与伴侣的关系，使其尽可能健康，是有利于将来与孩子培养感情的。对父亲来说尤其如此。而在孩子出生后，就要对你们的关系更宽容一些。去找个负责的保姆，花些时间经营夫妻感情，尽量不要让孩子成为你们唯一的聊天话题，无论你们多想围着孩子转。

我们的关系就好像暂时休假了。我不觉得我们之间没有感情了，但我们每天讨论的事情和过去很不一样。我们总在聊孩子。我一进门，她跟我说的第一句不外乎就是，你知不知道他吃了多少次这个，他又干了那个，他尿布上有这个。天天都是这样。我们的互动方式变了不少。我不认为这是件坏事，只是人生进入了下一个阶段，但有时候我真希望我们能恢复之前那种更亲密的相处方式……能一起坐下来聊聊别的事，别只谈尿布。

——肖恩（6个月）的父亲吉姆

从前面的章节中可以看出，初次为人父母的过渡期，也就是让新手父母对这个身份感到适应、对自身能力感到自信所需的时间，对双方而言非常不同。背后的原因尚不清楚，但我认为可能与第7章中介绍过的父亲和孩子培养感情需要更长时间的事实有关，也与当今西方家庭中父亲仍被当作"次要家长"的处境有关。父亲仍然是需要时最有可能外出工作的那一个，而母亲则承担了大部分和主要的育儿工作，这就导致父亲只能在晚上、周末以及每年全家一起度假时才能陪伴孩子，也就使他们用来练习新掌握的育儿技能的时间更少，用来习惯和胜任父亲这项新职责的时间也较少。

在新建立的育儿关系中，父母双方都需要去逐渐适应彼此之间的所有差异。如果双方没能通过建设性的沟通方式来处理这些差异，比如花些时间讨论做父母的感受，为共同育儿做计划，避免评判和批评，支持和帮助彼此，反而采取了破坏性的方式，那么婚姻质量和家庭凝聚力都会降低。

孩子降生后，新家庭在组织结构上会存在3个层次：个体、伙伴（父母、父子、母子两两之间的关系）和家庭（由母亲、父亲和孩子构成）。伊兰妮特·戈登（Ilanit Gordon）对94对异性恋伴侣和他们5个月大的头胎子女进行了研究。结果发现，母亲通常会把家庭视为伙伴关系的集合，会分别关注自己和伴侣的关系、自己和孩子的关系以及伴侣和孩子的关系。父亲则会从个体、伙伴与家庭这3个不同的层次看待家庭，因此他们自身以及与另外两方的关系都较易受到夫妻关系不睦的影响。这就是所谓的"溢出效应"（spillover effect），指婚姻中的冲突影响到其他家庭成员的现象。与父亲不同，母亲受到溢出效应的影响较小，因为她们会将婚姻中的各种关系分开看待，与伴侣争吵并不会影响她们和孩子之间的关系。但是，由于父亲将家庭视为一个整体而非两两成员之间的关系，如果他们和伴侣产生了矛盾，其消极影响会渗透到他们和孩子的关系中。

加利福尼亚大学洛杉矶分校（UCLA）的心理学家马克·康明斯（Mark Cummings）将这种现象称为"父职脆弱假说"（fathering vulnerability hypothesis），以描述父亲更易受到婚姻不睦影响的情况。他认为，父亲在情绪受挫后在婚姻关系中消极逃避的倾向，会加剧这种脆弱特质对父子关系的消极影响。在第4章中我们提到，父亲与母亲不同，心理健康状况不佳的父亲会用消极逃避来应对自身的消极情绪。在婚姻不睦时，他们同样倾向于通过逃避解决问题，而因为他们将家庭视为一个整体，逃避孩子的母亲也就意味着逃避孩子。父亲面对婚姻不睦时的脆弱性会导致他对孩子更加严厉，更容易用惩罚手段对待孩子，让父子关系失去温情。最终，父亲对家庭的疏远似乎成了唯一的结局。父亲逃避家庭的后果是，父子间的依恋关系可能会充满不安全感，对孩子、家庭和社会都会造成大量消极影响。

心理层面的创伤也会体现在神经层面。2007年，美国西北大学的帕特里夏·彭德里（Patricia Pendry）和艾玛·亚当（Emma Adam）针对63名儿童（包括32名学龄前儿童和31名少年）进行了研究。她们通过满意度和冲突发生频率来评估父母之间的关系，然后分析这种关系对子女的皮质醇分泌水平的影响。皮质醇是人在面对压力时肾上腺在大脑中分泌的激素，短期内对人体是非常有益的，能够促进葡萄糖代谢来为人体供能，还能提升记忆力，降低对疼痛的敏感度。如果你处境艰难，压力巨大或者处于极度危险中，皮质醇的这些作用对你是很重要的。然而，长期来看，持续暴露在压力之下是有害的，对大脑还处于生长发育期的青少年尤其如此。这是因为皮质醇分泌过多会干扰正常神经通路的形成，导致儿童期和成年期的行为和情绪问题。彭德里和亚当发现，父母之间冲突越频繁，子女的皮质醇分泌就越多，这种现象在学龄前儿童身上格外明显。皮质醇分泌的消极影响与年龄的相关性值得我们特别关注，因为幼儿期是神经通路快速建立的时期。孩子们要学习新的技能，获得新的体验，因此皮质醇的消极影响会造成更大的损害。在这个年龄段，如果正常的大脑发育受到干扰，带来的影响将持续终生。此外，他们的研究还发现，冲突和压力之间的关系是独立存在的,这就意味着没有其他任何因素能够缓解冲突带来的消极影响,无论是父母给予子女的温暖和爱意还是父母双方没有心理疾病的事实都无法帮助孩子避免这种影响。婚姻中的冲突对孩子的影响是真实而直接的,家庭内部的力量也无法为孩子提供保护。

> 你应该能想到(我们的关系)发生了什么变化。家里不再只有我们两个人了。我们有了孩子,一致认为她比我们都重要。实际上,这就意味着我们留给彼此的时间更少了,真没什么独处的时间了。但我想,我们两个都觉得这是值得的。我们早就接受这一点了。我俩偶尔还是会有一些快乐时光的,比如在弗洛伦斯睡着以后开车出去。有那么一刻,我会想象我们之间如果没有她会怎样,但这种时候少之又少。
>
> ——弗洛伦斯(6个月)的父亲理查德

归根结底,父母之间的关系非常重要,因为正是这种关系决定了孩子出生、成长并接受抚养和教育的环境是什么样的。父母关系对孩子成长的影响超过了任何其他因素,无论是父母与各自父母之间的关系,还是孩子的人格的影响。父母关系就像是一个模版,所有其他关系都脱胎自这一关系,并会以其为衡量标准。父母关系是孩子人生的基石,不仅会对孩子的身心健康带去深远的影响,还会对孩子未来的人际关系造成极大的影响。在某种程度上说,父母的婚姻关系是父母与孩子所建立的关系的地基。你人生中建立起的第一段依恋关系不是与你自己的伴侣之间的关系，而是与抚养你长大的人之间的关系。你第一次建立的伴侣关系是你第一次以成年人的身份发展的依恋关系，它虽然与亲子间的依恋不同，需要的成分却是一致的：承诺、亲密和热情。在婚姻关系中，你能否出色地在这3个方面建立和维持与伴侣的关系，充分预示了你能否建立并维护好与孩子的关系。因此，一对共同育儿的伴侣只要经营好与彼此的关系，就已经为将来同孩子建立良好关系打下了基础。

如何才能做到这一点？怀孕意味着一种改变。如果孩子的诞生是你们经过深思熟虑后做出的慎重决定，那么这意味着你们愿意去接受新的体验，扮演新的角色。你们可以本着这种乐于改变的意愿，谈一谈孩子出生后夫妻二人的角色和关系会发生什么变化。瑞典哥德堡大学（University of Gothenburg）的社会学家的研究表明，最能适应孩子出生后种种改变的，是那些利用孕期时间讨论过下列话题并达成一致的父母。第一个话题是，你们打算扮演什么样的角色。你和伴侣在只属于两个人的关系中已经确定了一些角色分工，但随着第三名家庭成员的加入，你们在家庭中的角色需要进行重新讨论和分配。讨论内容可以包括谈谈自己想成为什么样的父母，如何看待对方的角色，双方角色如何有效配合才对双方和孩子都有好处。第二个话题是，要接受冲突是难免的这一事实。在凌晨3点，伴随着不停哭闹的婴儿和难闻的气味争论到底是谁用掉了最后一张尿片却忘了买新的，不依不饶地一定要争出一个结果，这样的场景是必然会出现的。承认冲突总会发生以后，你就能以平常心看待这种情况,继而与伴侣坦诚地讨论如何通过建设性而非破坏性的方式解决争端了——这有点儿冲突管理的意味。第三个话题是,你们对为人父母一事抱有什么样的期待,预计采用什么样的教养方式。对新手父母来说,最艰难的时刻之一就是现实与期待出现落差的时候。面对不肯睡觉、不服管教的孩子,就算你曾经发誓绝不会对孩子大呼小叫,这种决心也会被抛到九霄云外。不过,你如果愿意去倾听并了解孩子的想法,就能跨越这个暂时的障碍。重要的是,你们对正确育儿方式的认识要尽可能一致,这样你们就能统一战线,不会觉得好像总在争夺育儿中的主导权。最后一个话题是,如果你们双方决定共同育儿,那么就要一起积极地去做这件事。这就意味着你的伴侣照顾孩子的时候,你就算并不赞同对方的做法,也还是要以达成共识为目的,以开放的态度进行建设性的讨论,而不是批评或贬低对方。正如丹所言,孩子的出生会将你的关注点骤然从"我们"转移到"他们"身上,因此,尽量做好万全的准备,对任何父母来说都是顺利过渡的关键。

> (养孩子)完全是婚姻另一个阶段的事了,在我们的婚姻和关系中增加了一个更深、更牢固的层次。而且(可以肯定的是)真的再也没有"我们"了!
> ——黛西(6岁)和比尔(5岁)的父亲丹

孩子出生后父母总觉得时间不够用,这是个不争的事实。尽管如此,在产前专注伴侣间的关系仍然是有益的,因为产前伴侣互动的情况预示着孩子出生后新家庭会如何运转。运转良好的家庭通常像一个联盟一样，关系亲密，彼此支持，通力合作。所有家庭成员都会参与活动或讨论；每个人都在扮演不同的角色，并能得到其他成员的尊重；每个人的情绪都能得到理解和支持；大家能够为了共同的目标或活动聚在一起，共同付出努力。"洛桑三方互动法"（Lausanne Trilogue Play，LTP）这个令人印象深刻的术语是一套行为任务测试的名称。研究者们会用它来评估父母共同教养行为的质量及其家庭关系的紧密程度。这套测试分为专为准父母设计的版本和适用于孩子出生后的家庭版本，在第一种情况中会用玩偶来替代孩子的角色。这套测试由瑞士心理治疗师伊丽莎白·费瓦兹-德普尔辛格（Elisabeth Fivaz-Depeursinge）首创，其价值在于可以使我们在研究中将家庭视为一个整体而非几组两两关系的合集，因此可以将家庭中的全部关键因素都纳入考量，尝试厘清每一个家庭成员对其他人的多重影响，从而更真实地呈现家庭的面貌。

在孩子出生前，研究人员会请准父母设想产后他们第一次见到孩子时的场景——这是个神奇的时刻，或许想象能发挥一些作用。研究人员会让他们进入某种场景，并指定他们进行一系列互动，从而评估家庭内部包括亲子关系、伴侣关系和家庭整体关系在内的各种关系。首先，每名准父母都要单独抱着玩偶并与其互动；然后，双方要一起与玩偶互动；之后，他们要将玩偶放在一旁，假装孩子睡着了，接着与对方互动。研究人员会观察伴侣互动是否良好，他们是否具有育儿的天赋，他们对彼此以及对玩偶的表现是否充满爱意，以及双方的合作程度如何。受试的准父母都是凭想象力完成这一系列任务的，但这项测试多次表明，准父母在这一场景中的表现能够对孩子出生后家庭的运转情况做出预告。

瑞士日内瓦大学（University of Geneva）和洛桑大学（University of Lausanne）的尼古拉斯·法维兹（Nicolas Favez）、兰斯·弗拉斯卡罗洛（Rance Frascarolo）、克洛伊·拉万奇·斯卡约拉（Chloe Lavanchy Scaiola）和安托瓦内特·考伯兹-瓦尔纳里（Antoinette Corboz-Warnery）在2013年研究了洛桑三方互动法对孩子出生后家庭运转情况的预测的准确度。研究中，共有42个家庭分别在怀孕5个月、孩子满3个月和满18个月时接受了测试。结果发现，父母在孩子出生前与玩偶的互动情况，外加孩子的人格，共同预示着孩子出生后家庭中的状况会如何。那些在孩子出生前鼓励与支持另一半和玩偶互动的父母，在孩子出生后会延续这种行为；那些会努力帮助对方履行亲职并在育儿方面具有天赋的父母，在孩子出生后也会继续展示出自己在这些方面的能力。

然而有趣的是，准父亲的视角同样具有独一无二的预测力。法维兹及其同事曾要求受试的父母想象孩子出生后的家庭生活。为了帮助他们展开想象，研究人员请他们主要关注两个方面：亲密程度，即之前提到的意见和情绪的一致性；家庭成员角色的灵活性，即是否每个人都能拥有一些宝贵的自由空间来调整自己的角色，使其更适合自己。研究人员多次观察到，孩子出生前父亲对未来家庭的想象，预示着孩子3个月大时家庭中的状况如何。父亲的想象无疑能量巨大，但和母亲的视角相比，父亲的视角缘何能拥有这样巨大的能量呢？法维兹认为，这是因为母亲和父亲设想未来家庭和家庭关系的方式不同。母亲倾向于将家庭视为不同成员两两之间的关系，而父亲则有意愿也有能力将家庭视为一个整体，从而更能在这一层面上发挥出自己教养方式的优势。正是这种将家庭视为一个整体的能力使父亲能够对家庭的运转产生深刻的影响。虽然一个家庭包含多重关系，但父亲通过同时将家庭视为一个整体和不同个体，得以克服生活中难以避免的重重挑战和难题。在某个层面上说，父亲是家庭问题的专家。

所有这些预想与准备听起来就并非易事，而在等待孩子降生时，还有很多其他问题需要考虑，因此父亲可能更容易感到不堪重负。但这些努力是值得的，因为温暖而相互支持的婚姻环境对父子关系有着更为强大的积极影响。这一观点有数据支撑。通过对44个美国家庭的研究，美国心理学家凯伊·布拉德福德（Kay Bradford）和艾伦·霍金斯（Alan Hawkins）发现，在婚姻关系中情感亲密度更高的男性远比其他男性对履行父亲的职责更加自信。他们会更积极地育儿，对父亲这个身份更有控制感，也更快乐。其实，父亲有一个职责尤为关键，那就是为孩子示范如何解决冲突。发展心理学教授马克·康明斯认为，儿童对父母的行为做何反应，取决于行为的本质以及父母的性别。他认为，就这一点来说，虽然与母亲相比，父亲的冲突行为可能会引起孩子更大的消极反应，但父亲面对冲突的积极行为同样会对孩子造成比母亲更大的影响，只不过是相反的——会使孩子的行为更加积极。如果父亲以身作则，通过适当的方式表达反对意见,如能就事论事,求同存异,避免过度情绪化和人身攻击,他们不但可以让孩子明白冲突是正常现象,也能向孩子示范如何找到合理的解决方法。因此,如果父母能花些时间确保双方关系健康、稳固,并能有效解决冲突,那么父亲和孩子都能从中受益。这就意味着在等待孩子出生的这段时间里,父母可以在这个方面下功夫,在孩子出生后也要继续努力,关注伴侣关系的健康。

实际上,针对婚姻问题对整个家庭产生的消极影响的预防措施屈指可数,而其中一项表明,防微杜渐胜过亡羊补牢。在美国境内开展的"家庭基础干预"(Family Foundations Intervention)课程共有8节,包括4节产前课程和4节产后课程,旨在帮助新手父母应对初为父母的种种紧张与压力。这套课程由宾夕法尼亚州立大学预防研究中心(Pennsylvania State University's Prevention Research Center)的马克·费恩伯格(Mark Feinberg)与其同事共同设计,与传统中只会教授准父母如何换尿布、练习呼吸、准备待产包的课程不同,他们还会教授准父母应对关系中出现的一系列问题。这套课程会教授沟通技巧,帮助伴侣聊一聊彼此对父母身份的期望,鼓励伴侣双方支持而非破坏彼此的努力成果。正如研究人员预料的那样,这项支持课程不仅有效,效果还能持续较长时间。费恩伯格及其同事于2013年评估课程效果时发现,从孩子出生时起,参与过这项课程的伴侣感受到的亲职压力水平开始不断降低,身为父母的成就感、心理健康和关系质量则不断得到改善,而这种积极的效果能一直持续到孩子3岁。与他们相比,只收到育儿手册的对照组在各方面均呈现持续恶化的趋势，尽管最初他们的压力水平、心理健康、关系质量和育儿能力等一系列指标都与另一组没有差异。

能够从良好伴侣关系中受益的可不仅仅是父母。在这些家庭中，父母在育儿时温暖而相互支持的伴侣关系对孩子的成长也大有裨益。在这种家庭中长大的孩子社交能力更强，更擅长管理自己的情绪——这些也都是孩子学前阶段需要掌握的关键能力。研究人员选中这些父母，并非因为当时他们面临的风险水平较高。研究人员发现，无论个人背景如何，所有父母都感到育儿是一件难事，解决重重难题的技能也并非天生具备，而是必须在后天学习的。这项课程之所以有效，是因为它出现在了这些父母最需要它的时候：在孩子出生前，这项课程利用怀孕这段时间鼓励伴侣之间的交流，并教授给他们技能；在孩子出生后，这项课程又立刻帮助伴侣实践在前几周学到的技能。尽管这样的干预计划并不多见，又是在美国境内实施的，但其研究发现对我们每个人都有重要意义，因为它说明在孩子出生前投入时间维护伴侣关系，为未来的父母角色做准备，以及做好知识和技能储备是非常重要的。在未来那段注定崎岖而颠簸的路上，这些知识和技能会让两个人走得稍微平顺一些。

每个家庭都会遇到难熬的日子，有些阶段可能格外艰难。有些问题来自家庭内部，比如内部分歧、问题行为和健康问题等，有些问题则来自家庭外部。但只需记住一点：家庭关系越牢固，一家人就越有能力度过风雨，闯过难关。这就意味着要珍惜每一个家庭成员所做的贡献，保持沟通渠道畅通，分享各自的心情，从别人的角度出发设身处地地考虑问题。要把自己当成家庭这个团队中的一员。此外，有一个延伸到家庭之外的关系网络可以提供支持也是很重要的。他们不一定是你的亲属，还可以是能够帮助你的朋友或者专业人士。此外，网络社区也可以成为帮助、建议和情绪支持的宝贵来源。

在世界范围内看，并不是所有孩子都生活在由其亲生父母组成的异性恋核心家庭中，但绝大多数孩子都生活在以一对伴侣为核心的家庭中。这些家庭既可能是同性恋家庭，也可能是收养或寄养家庭、再婚家庭或大家庭中的一个小家。对这些孩子来说，这些家庭之间的差别并不重要，因为抛开细节不谈，他们的家长都是这些家庭的基石，其亲子关系也会给孩子的成长及其人生带去深远的影响。因此，虽然本章主要关注同住的父母如何在亲生子女出生前度过孕期，能够采取哪些措施、做哪些准备来使他们之间的关系始终保持健康，道理却是通用的。身为准父母，我们总是急于制订各项计划，获取从环保尿片到婴儿手势含义的各类信息，但很少有人能停下脚步来思考，在剥离所有这些消费品、社会福利和医疗保健服务后，家庭的意义其实只在于它的成员，而父母作为家庭的创始者，才是这个家其他成员学习和发展的榜样。

可以肯定的是，在两个人的关系中增加一个孩子，意味着更多的争吵和分歧。两个人会比过去更容易对彼此产生怨言，毕竟缺乏睡眠和骤然上升的学习曲线的确会给你们造成这样的影响。然而，真正重要的是，你们要如何解决这些争执，然后继续前行。不过别担心，绝大多数情况下，接受我研究的父亲都表示，孩子的出生只会让他们与伴侣之间的关系更深刻、更稳固。我将用诺亚和阿德里安的感悟来结束这一章。

阿德里安：我们的育儿方式变得非常接近。对于希望给予女儿什么以及如何养育她，我们基本都达成了一致。我们能够统一战线，因为尽管我们是非常不同的两个人，但我们有相近的标准和观念。

诺亚：我们在一起已经20年了，孩子出生也有7年了，所以我俩认识的时间比她多了13年。我们有过真正的欢乐时光，真的是非常美妙的时光，这也是为什么我在看着她的时候，心里想的是，我真的很高兴我们能一直在一起。我想，是她让我们的关系变得更好了，因为有人分走了你的注意力……

阿德里安：……并带给你巨大的快乐。

——朱迪（7岁）的父亲诺亚和阿德里安

第五部分

欢乐的时光开始了

第 9 章

父亲这所学校

父亲会教给孩子什么

> 我从小就开始踢足球,我父母会来看我踢球和打板球……我已经等不及和儿子一起去体验这一切了。我非常期待教给他一些东西,陪在他身边,给他的人生带去一些影响。我希望尽可能多地陪在他身边,尽我所能地支持他。
>
> ——艾登(6个月)的父亲扎克

父亲喜欢教授孩子技能。我就从我父亲身上学到了许多至今对我仍然非常重要的技能和生活经验。此外,他还教给我很多道理,例如推己及人,努力工作,想要取得成功就要拼尽全力而不能仅仅依靠聪明才智,以及今天看似天大的问题在一天、一个月或一年后会变得不值一提。除此之外,他还教我如何砌砖,并告诉我绝对不要相信穿棕色麂皮鞋的男人,这为我日后的生活打下了基础。我在研究中问父亲们他们对未来父子关系的期待时,绝大多数人都给出了传授知识、塑造价值观、进行体育训练或一起玩父亲最喜欢的游戏等答案。有些父亲几乎是在扳着指头数日子，期待他们儿时最珍爱的玩具——阁楼里的乐高积木、小火车或钢制模型能重见天日，在父子一起玩耍时派上用场。

在本章中，我将着眼于父亲在教导孩子方面扮演的独特角色。在保护孩子的职责以外，世界各地的父亲都会在教导孩子走向成年和独立的道路上起到关键的作用。教导绝不仅仅是学校提供的教育。人类生活在一个复杂的世界里，要学习许多行为，掌握许多技能，在反复斟酌后接受许多观念。一个孩子未来的成功不仅受到智力和学习能力的影响，还取决于其适应物理环境和社会环境的能力、与周围人建立健康关系的能力以及在工作中建立同盟以确保对方能和自己配合去获取生存基本必需品的能力。我们在前面的章节中了解，父亲在儿童的社会化过程中显示了独一无二的作用。

人类通过社会学习来获取实践和理论知识——简言之，就是从他人身上学习这些。我们学习在这个极其复杂和混乱的世界里生存所需的一切——包括技术、经济、实践和社交方面的技能时，不可能人人都亲自通过一套试错体系去获取知识，而是要利用前人的经验，从他们身上学习，然后站在他们的肩膀上继续创新。这听起来是明摆着的事，没什么大不了的，但如果你知道我们是唯一会主动教授幼崽技能的动物，你或许就能体会到这种行为在神经和行为演化过程中是一种多么伟大的成就了。诚然，部分动物会通过观察父母来学习，比如黑猩猩幼崽会花费长达 5 年的时间在母亲的臂弯里观察如何敲碎棕榈果，但父母并没有给予它任何有针对性的指导和反馈，幼崽只能在学习的迷宫里独自摸索。黑猩猩父母并不会考虑幼崽 A 和它的姐妹幼崽 B 的能力差异,也不会注重辨别并培养某个幼崽独特的兴趣和优势。与黑猩猩父母相比,人类父母有能力评估孩子的能力和兴趣,了解他们各自的驱动力,认识到因材施教去培养其沟通和学习方式的重要性,并提供相应的奖励和惩罚,以确保他们能真正掌握这些技能。这一切都需要强大的认知能力为基础,而对人类来说,无论是行为还是教育后代的独特能力都与巨大的脑容量息息相关。还记得第 8 章中那对观看孩子视频的夫妇吗?这种行为需要他们大脑中与心智化——理解他人感受和想法的能力——相关的新皮质的参与。正是拜新皮质以及我们这种"读心"的能力所赐,我们才能教育自己的孩子。只有能判断孩子不知道什么、想知道什么以及能否理解我们教授的内容,我们才能真正有效地教育子女。

在许多社会中,成功人生所需的技能并不会在狭义的课堂上习得,而只能在现实世界中,常常是在父母身边才能掌握。因此,阿卡族父亲为了确保自己的孩子,无论男女,都能学会网猎技巧,会每天带着他们深入丛林之中搜寻猎物。而基普斯吉思父亲为了确保儿子们能掌控复杂的茶叶生意,会要求他们和自己一同深入田间以及参加仅限男性的社交聚会,在聚会上建立联盟、交换信息、达成交易。即使是明显不参与直接抚育活动的波士顿律师迈克,也会将孩子的教育看作重中之重。他不仅投资于孩子的私立教育,还会在周末花时间带孩子走进波士顿商业精英的社交圈,培养对他们未来的职业生涯有帮助的社交技能。

但在西方社会，人们的关注点主要落在课堂上的知识学习和学业成就上，而这往往不利于孩子学习其他重要生活技能。关于父亲对孩子的学业成就究竟有多大的独立影响，学术界一直众说纷纭。关于父母对子女教育的影响的证据数不胜数——父母积极参与孩子家庭教育和学校教育有助于孩子取得学业上的成功，这指的是父母会在家里为孩子提供学习空间和设施，花时间和孩子一起阅读，指导他们完成家庭作业，带他们外出参加教育性活动。然而，关于父亲的角色是否独立作用且与母亲的有所不同，多年来始终存在争议。正因为母亲通常会把大部分时间花在孩子身上，人们一直认为所谓"教养效果"实际上指的是"母亲教养的效果"。关于父亲在教育中单独扮演的角色，目前还没有非常有力的证据。不过，证据缺乏并不代表证据一定不存在。随着父亲在育儿活动中扮演的角色受到的关注日益提升，我们渐渐发现，父亲或许能在孩子的学业成就中起到与母亲迥异但同样重要的作用。大多数父亲都像科林一样，对孩子的教育很上心。

> 我会读书，我喜欢书。我们给她买了毕翠克丝·波特（Beatrix Potter）[1]和罗尔德·达尔（Roald Dahl）[2]的书，放在楼上。我小时候，爸妈在睡前给我读了很多书，我也想给自己的孩子读书，我非常爱做这件事。我期待某天可以给她读书，看着她变得与众不同，无论她做什么都在她身边

---

[1] 英国童书作家，《彼得兔》系列作者。——编者注
[2] 挪威籍英国童书作家，代表作有《查理和巧克力工厂》。——编者注

支持她。

——芙蕾雅（6个月）的父亲科林

我的同事、来自牛津大学社会政策与社会工作系（Department of Social Policy and Social Work）的埃里尼·弗洛里（Eirini Flouri）和安·布坎南（Ann Buchanan）正在带领团队寻找能够证明父亲对孩子学业成就有独特影响的重要证据。他们认为，那些花时间陪伴孩子，尤其是已经通过玩闹行为对孩子的成长和认知潜力进行过开发的父亲，必然对孩子的学业存在独立于母亲影响之外但同样重要的作用。在2004年的研究中，他们从英国全国儿童发展研究项目（National Child Development Study, NCDS）的资料库获取数据，试图找到能印证这一想法的确切证据。这一宝贵的资料库在长达40年的时间里持续获取了出生于1958年3月3日至3月9日的1.7万人的数据。这项研究的时间跨度意味着弗洛里和布坎南等研究者能够了解社会经济、环境、生理、教育和父母等因素中的哪些会对儿童的成长轨迹造成影响。在对学业成就相关的数据进行研究后，他们发现，与此前的研究结果一样，父母在孩子7岁时对其教育的参与度能够显著影响孩子20岁时的学业成就。这里的参与度指的是给孩子读书或和孩子一起读书、带孩子外出游玩、关注孩子的教育以及管束孩子行为的频率。但是，将这个育儿团队分成父亲和母亲两方来看后，他们发现父亲对孩子青春期后期的学业成功有着极其重要的影响，且这种影响与母亲的不同。此外，父亲的影响与母亲的参与度无关。无论母亲的参与度是高还是低，父亲对孩子的影响都很明显。尽管有些人认为，父亲能教给儿子的技能比能教给女儿的多，但结果显示，无论孩子的性别为何，父亲的影响都是一样的。

这些研究结论有着重大意义。不过，弗洛里和布坎南的研究没能解答父亲主要参与孩子教育的哪些方面。他们做了哪些与母亲不同但效果突出的事情？回答这个问题的是美国加州的教育家威廉·杰恩斯（William Jeynes）。杰恩斯研究了来自全球各地的数千人的资料，主要关注父亲可能影响孩子的4个主要领域：促进学业成就、维护心理健康、鼓励积极行为和维护其他健康成果，例如积极和孩子一起玩耍。

杰恩斯的发现非常有趣，对我们这些从事父亲研究工作的人来说也在意料之中，因为他的发现印证了我们目前对父亲扮演的重要角色的认识——通过鼓励孩子做出正确行为来帮助孩子进入更广阔的世界。首先，杰恩斯印证了弗洛里和布坎南的发现，即父亲能对孩子的学业成果产生重大影响，且其影响与母亲的不同。在这个前提下，他发现父亲做出的贡献其实更大。是的，父亲能够影响孩子的学业成就，但他真正的力量在于他对孩子学习态度的影响。杰恩斯发现，父亲对孩子的行为和心理都有着深远的影响。积极育儿的父亲能帮助孩子养成良好的行为习惯，维护他们的心理健康，并帮助他们培养对生活和学习的积极态度，使他们能够在学校教育中实现收获的最大化。杰恩斯认为，虽然子女学业的成功需要父母二人共同努力，但只有父亲才是专注为孩子树立榜样并培养其正确学习心态和行为的那一方。父亲为孩子打下了基础，铺设了"脚手架"，使孩子可以在这个基础上实现学术之旅的不断进阶。

在孩子青春期早期，父亲对孩子学业的影响最为关键。在这个激素水平剧烈波动、身体不断变化、新挑战不断出现的阶段，孩子对自身能力和优势的认识常常会受到打击。近期一项针对11,297名美国青少年开展的研究表明，如果此时父亲以正确的方式参与子女的教育，子女在日后取得成就的能力不会受到这段人生动荡时期的影响。子女取得的成就如何完全取决于父亲对其自尊的影响，而父亲之所以能拥有这样的影响力，正是因为他在子女成长发育的过程中与其建立的关系。主导这项研究的美国发展心理学家梅丽莎·戈登（Mellissa Gordon）发现，如果父亲与青春期的孩子建立起良好的关系——一种多支持、少批评的充满温情的关系，这不仅能提升父亲在孩子学业中的参与度，还能强化孩子的自我意识，从而使孩子能够充分发挥自己的潜力。这种关系的关键在于维系父子间充满安全感的情感纽带，而这一纽带正是所有父子互动的基础。

而露西娅·西西奥拉（Lucia Ciciolla）领导的一支美国科学家团队则探究了家长对高分数的过度推崇对孩子学业成就的影响。她采用了美国3所学校中的506名处于青春期早期的学生的相关数据，研究了父母看重学业成就、轻视社交能力以及会对孩子的成绩进行大肆批评的行为对孩子在校取得良好表现的能力的影响。部分父母相信，在当今竞争日益激烈的世界上，不惜一切代价帮孩子取得学业成功是生存技能中最重要的一课。西西奥拉的研究发现对这些父母有着重大意义。她发现，如果父母并非不惜一切代价追求学业成就，而是向孩子传达"善良和社交能力的重要性不逊于学业成就"的价值观，孩子感受到的批评较少，其自尊水平更高，他们得到的分数反而会比那些父母过度强调高分的孩子更高，学业表现也就更突出。这一结论无论对父亲还是母亲来说都成立。但对父亲来说，关键问题在于，对孩子学习成绩施加过大压力的在更多的情况下是他们。

这些研究结果向父亲传递了这样的信息：你如果希望自己的孩子在学校里发挥潜能，尽量取得好成绩，就要尽可能多给予孩子温暖和支持。因此，父亲要尽量多花时间培养孩子的自尊心，参与孩子的日常学习和生活，告诉孩子拥有正确学习心态的重要性，向孩子强调如果没有善良、情商和合作能力等品质与相应社交技能的协同作用，单纯的高分是没有多大用处的。对威尔来说，虽然儿子克里斯托弗才 6 个月大，但他似乎已经走上了正轨。

> 我认为，给孩子做好榜样是非常重要的。我们讨论过他将来会是什么样的人之类的话题，结论是希望他能做自己，但至于他如何对待他人、尊重自己，对我来说，重要的是我要先向他展示一个最好的自己。因此，我在思考我都做过什么以及不要做什么。我在改变自己很多做事情的方式，尽量让自己变得更好，因为我知道，谁都可以轻轻松松一拍脑袋，说："我们带你出去玩一天。"但事实上，能影响到他未来如何过好自己的生活、变成什么样的人的，是我现在每一天如何过好我自己的生活。
>
> ——克里斯托弗（6 个月）的父亲威尔

我们都知道，教育不仅指辅导学习，不只包括教孩子背单词或掌握复杂的除法。学习也不仅仅靠学校。在前面的章节中，我已经介绍过这样的观点：父亲的关键角色之一就是帮助孩子适应这个广阔的世界，鼓励他们独立自主、自力更生，使他们能够取得自己人生的成功。杰恩斯发现的父亲为孩子校园生活搭建"脚手架"的事实，正是这一观点的又一佐证。父亲为孩子夯实了基础，使孩子能够在人生中发挥出自己的潜力，创造成功的未来。但在课堂之外，父亲也能教授给孩子很多知识。许多人认为，这就意味着父亲在传授价值观和生存技能方面能够起到重要的作用。很多父亲发现，要做到这一点，他们必须像威尔一样，成为孩子的榜样。

我想推荐一段诗给你。

> 母亲仰望父亲的面庞，
> 望着他沉思的神情，
> 杰克的话如一道闪电
> 直击这对爱侣的内心——
> 若杰克沿着我的脚步前行，那么日复一日，
> 我该多么谨慎地选择自己的方向！
> 毕竟子如其父，
> 而我留下的足迹，
> 如若坚定、清晰而一往无前，
> 儿子的脚步必将仿照我的模样。
> 他会沿着父亲的足迹，告诉自己：

> "我没做错,因为这是父亲走过的路。"
> 人生道阻且长,路上的父亲们
> 每一步都要走得谨慎,
> 你们的子女直到白发暮年,
> 仍会循着你的足迹前行。

杰克是一个 6 岁的男孩,以上引文节选自一首题为《追随父亲脚步》(Following Father)的诗。研究者并不知道这首诗的作者是谁,只知道它是于 19 世纪末的英国,也就是维多利亚女王(Queen Victoria)执政末期发表在一份以禁酒为主题的期刊上的。那个年代的父亲远比现在的父亲更远离育儿事务。但是,尽管当时的父亲不会给孩子洗澡、穿衣、喂饭,也不会安抚孩子,但是这首诗清晰地表明,即使在维多利亚时代的社会,理想的父亲最核心的任务也是把孩子塑造成道德品质正直的社会成员,因此父亲要教授孩子一系列基础的人生课程。在那个连钢琴腿的曲线都有伤风败俗之嫌的世界[1],这些课程至关重要。本章中引用的父亲们的话表明,为子女做榜样的愿望至今仍然在为父亲提供驱动力。一名父亲无论居住在何处,可能都像约翰一样,希望通过传递价值观、丰富孩子的生活经验并成为孩子的榜样来影响孩子将来的人生道路。

> 我认为创造一个(让我儿子)能安心地做出正确决定

---

[1] "维多利亚时代的人们认为钢琴腿具有挑逗性,因此需要用布遮盖"的说法是一个广为流传的夸张玩笑。——编者注

并周全地考虑问题的环境很重要。但这并不容易。你怎么才能帮一个人塑造他的性格，让他做好独立生活的准备？你怎么让他知道，即使做了错误的决定也没关系，天不会塌，可他必须经历这样一个自己做决定的过程？我的职责是引导孩子、影响孩子……做那个他能来寻求建议的对象。

——约瑟夫（6个月）的父亲约翰

在某些现代社会中，父亲以身作则并向孩子传递这些价值观的需求不仅关乎孩子的成功，或许还对他们的生存至关重要。父亲参与孩子的社会化过程，向孩子传递自己的世界观和理念，以帮助孩子在这个世界上取得成功。他们通过谈话、教学以及给孩子塑造良好行为习惯和观念来实现这一目标。不过，对部分父亲来说，这么做的动力源于他们明白，孩子一生中必将遭遇一些障碍。如果不能通过正确的方式克服这些困难，孩子可能会误入歧途，甚至连生存都受到威胁。

奥蒂玛·多伊尔（Otima Doyle）领导的一支由美国社会工作者、精神病学家和行为科学家组成的研究团队于2016年发表了一篇题为《未雨绸缪，居安思危》（*Don't Wait for It to Rain to Buy an Umbrella*）的论文。文中记录了他们与家里有处于青春期前的男孩的美国非裔父亲的对话。他们采访了30名父亲，请他们回答"你打算向儿子传递什么样的价值观"这一问题。父亲们的回答涉及文化、教育、责任和尊重等主题，绝大多数都建立在他们对儿子将来在社会中的经历会受到其种族影响的认知上。根据自己的人生经验，他们预料到儿子将来会遇到种族主义和骚扰行为,并自认为有责任教育孩子在面对这种情况时做出正确而最具建设性的反应。他们强调,有必要教授孩子一套应对种族主义的方法,并让孩子明白他们只有付出更多的努力,取得比白皮肤的同伴更大的成就,才能证明那些种族主义刻板印象是错误的。其中一名父亲这样说:"……这条路是很难的……我们会让他知道,他得比身边的人都更努力才行。这些人巴不得你连话都不会说,不知道怎么做、怎么表现。我们会告诉他,你可以开开心心的,也可以说俚语……但要注意时间和场合。"除了要让孩子准备好应对这些严酷的现实之外,父亲们还有一个真实的愿望,那就是鼓励孩子为自己的传统而自豪,并将其作为提升自己的动力。一位叫雷吉的父亲这样向儿子讲解非裔族群的斗争史:"他们是为了我们的幸福去斗争和献出生命的。如果你不够男人,对不起自己的身份,一个黑人,那就是对他们的亵渎……你不仅对不起自己,也对不起他们。所以,站起来做个真正的男人吧。"

  这些非裔父亲的职责不仅包括要把孩子培养成能在外部世界取得成功的人,还要支持孩子成长为能与长期存在的刻板印象做斗争、成为整个种族名副其实的领袖的人。归根结底,这些非裔父亲和其他所有父亲一样,希望孩子在成年后能努力工作,拥有强烈的自我价值感,尊重他人,并能为自己的人生成就感到自豪。尽管许多父亲并没有完成自己的学业,他们还是会告诉孩子接受教育和拥有丰富经历的必要性,以及正规教育是通往各种自由的关键这一事实。他们希望子女通过正规和非正规的教育脱离自己生活的这片街区,成为有责任感并且独立自主的社会成员。他们知道，为了实现这一目标，他们身为人父，肩负着用一系列价值观和生活技能武装起自己孩子的额外责任。只有这样，他们才能让孩子在这个时时充斥着困难和不公的世界上活得如鱼得水。

大多数针对父亲对子女教育影响力的学术研究都聚焦于生物学父亲，但是，正如我们在前几章中了解到的，父亲并不一定与他养育的孩子有血缘关系。事实上，由于文化习俗和生活环境等因素，大量儿童的成长过程中并没有生物学父亲的参与。那么，由谁来为这些孩子成年之前的受教育历程搭建必不可少的"脚手架"，助其步步攀登呢？

1998年，芝加哥大学（University of Chicago）的一名研究生丽贝卡·科利（Rebekah Coley）打算探索单亲母亲家庭中生物学父亲和社会性父亲在孩子教育中的重要性。她原本可以采用常规方法，如对母亲进行采访或坐在角落里观察一家人的日常生活，但她却选择了一种非常简单的方法——采访孩子。她召集了共计111名8~10岁的男孩和女孩，请他们列出生活中所有与他们特别亲近的人，然后向他们提出21个问题，希望了解他们与这些人的互动。这些问题包括"谁教你技能""谁管教你""谁带你出去玩"，等等。在回答每个问题时，可以提供的人名没有数量限制。最后，她会对孩子的在校表现进行评估并收集他们与学习成绩相关的数据。

科利发现，除生物学父亲外，孩子们最多只列出了一名与自己关系亲近的男性，无一例外。在大多数情况下，这名男性是他们母亲的男友。不过，这些男性对孩子的生活产生了重大影响。不与孩子同住的生物学父亲虽然对孩子的学业成就有较大的影响——不过别忘了，母亲对孩子的影响和父亲的一样大——但如果社会性父亲积极对孩子的行为进行管教，孩子的在校表现会更优秀。社会性父亲虽然与孩子没有血缘关系，却可以承担既定的父亲角色，为孩子的心理和行为发展提供"脚手架"，让孩子能够充分利用在校时间。

关于西方家庭中社会性父亲的影响，科利和鲁克玛利·杰亚科迪（Rukmalie Jayakody）等学者的研究非常重要，因为这些研究表明，即使生物学父亲不在身边，孩子依然可以健康成长，在单亲母亲家庭中尤其如此。这个结论对注重血缘的西方人来说可能是难以理解的，毕竟，在西方社会中，生物学父亲依然会被贴上"真正的父亲"的标签，而社会性父亲会被视为退而求其次的备选。但是，并非由生物学父亲抚养长大的情况并不意味着孩子的生命中就没有父亲这种角色存在。事实上，尽管人们常常认为在单亲母亲家庭中长大的孩子由于身边缺乏男性榜样，取得的成就水平会较低，但这样的结论往往没有考虑到社会性父亲的作用。杰亚科迪认为，在她重点研究的非裔美国家庭中常见的生物学父亲缺席现象，使得其职责由一群社会性父亲接手，弥补了前者留下的空白。社会性父亲每天陪在孩子身边，把重要的价值观和道德观传递给孩子，为孩子提供教育性书籍，带孩子外出玩耍，并给予母亲协助和支持。这些社会性父亲既可以是母亲的男友或伴侣，也可以是舅父、外祖父或母亲的男性友人。杰亚科迪和科利都认为，各种身份的男性都可以扮演作为孩子教育者的父亲的角色。

***

是的,我们会和约瑟夫一起学习,学的东西还一直在变化,跟第一个孩子一起学习的经验还没法直接用在第二个孩子身上,所以随着孩子不断长大,你也得不停学习。我觉得,你会学到一些通用的育儿技能,但(问题是)你要如何把这些技能应用到不同年龄和不同性格的孩子身上。学无止境。

——约瑟夫(4岁)和利奥(2岁)的父亲约翰

本章的标题虽然是"父亲这所学校",但换一个角度看也成立——"为父亲准备的学校"。父亲与孩子之间的关系并不是由父到子的单向关系,而是相互影响的关系,这就导致不仅父亲可能影响孩子的成长,孩子也会影响父亲的成长。正如迪伦所言,生儿育女会让你踏上一条终身学习之路。

所以,育儿这件事每天都在发生新的变化。我敢确定,未来几年里还会有更多变化。变化会不断发生。育儿的学习曲线或许不像孩子刚出生时那么陡峭了,因为孩子刚出生时的一切对你来说都那么新鲜、那么不同,你的生活发生了翻天覆地的改变。虽然如此,这条曲线还是会有一个不太陡的倾斜角度。我认为我永远也不会有可以彻底放松下来说"我的育儿工作完成了"的那一天。

——弗雷迪(4岁)的父亲迪伦

许多男性把成为父亲的转变看作重新审视自己生活、提升自身能力和重新为人生中重要事项进行排序的机会。而在孩子出生后，这种变化还会继续。我在研究中遇到的新手父亲常常谈到做父母的经历给他们上的课。他们会发现耐心的宝贵、活在当下的重要性以及缺乏睡眠的痛苦。但这些都是养育孩子的间接影响。当孩子告诉你，你的行为令他感到尴尬或者你的鞋和裤子不搭时，他是在直接要求你改变你的行为或观念。无论你是否习惯孩子这样说，这种情况都会贯穿父子关系始终。当孩子越来越大，劝说和胁迫的技巧变得炉火纯青后，这种情况就会越来越频繁。

加拿大圭尔夫大学（University of Guelph）的利昂·库钦斯基（Leon Kuczynski）、罗宾·皮特曼（Robyn Pitman）、罗恩·塔-杨（Loan Ta-Young）和罗里·哈拉克（Lori Harach）对亲子关系中双方的角色进行了反向研究，评估了一群8～14岁的孩子对父母成长的影响。他们请这些孩子的30对父母回想孩子什么时候要求过他们改变自己的行为，具体提出了怎样的要求，又运用了哪些技巧和做法来劝服他们做出改变。不出所料，孩子教给父母的大多与时尚、音乐、健康、安全、得体的行为举止（大多是让父母不要在公共场合做令人难堪的事）以及价值观或理念相关的方面。大部分父母都愿意接受孩子教给他们的东西，而且随着孩子年龄渐长，在父母眼中能力越来越强，父母对其建议的接受度会更高，他们还会认为孩子为自己提供了反思自身行为和观念的宝贵机会。孩子会利用种种技巧，从经过深思熟虑并有很强说服力的论点到屡试不爽的反复唠叨或抱怨,来说服父母做出改变。一个8岁的孩子眨着大眼睛苦苦哀求你做出改变的威力不可小觑。恰如库钦斯基的研究中,一名10岁孩子的父亲所言,"有一次我印象特别深刻……她神色凝重,语调非常严肃,站在权威的立场上,用居高临下的态度表示她有重要的事情要跟我说。是她的态度和举止让我认真听她说话的"。而另一名父亲则被女儿的口才征服,"……(她)能言善辩,能把自己的感受,比如她会看到什么、经历什么、怎么想的之类讲得绘声绘色、情真意切……"这些父亲以开放的态度接受孩子的影响,也就朝着让孩子成长为独立个体这一至关重要的目标,即父亲角色的核心迈进了一步。这些父亲向孩子们表明,他们尊重孩子的意见,认同"任何关系中的成员,无论地位高低,都需要给予和接受"的观点,因此孩子在父子关系中也具备了强大的影响力。这一过程使父子之间的学习成为一种循环,同时提升了孩子的自尊心,从长远看,还进一步夯实了父子关系的基础。

我想起了自己这辈子做过的一些错误的选择。我父母那些时候得多难过啊……他们是怎么解决这个问题的?父母在明知孩子的选择有时会让他们无法接受的前提下,是怎么对孩子放手的?我想这就是想教出一个独立的人、对他发挥全部潜力的期望和意识到自己能做的事很有限三者之间的矛盾。他是一个会有自己想法的个体,我怎么才能既给他积极的影响又给他做决定的自主性呢?在我看来,在给孩子足够关心的同时又给他足够的自由去做决定、去犯错，这是为人父母最困难的事情之一了。

——约瑟夫（6个月）的父亲约翰

关于智力在多大程度上源自遗传这一点的争论一直很激烈，但父亲对孩子掌握的知识和技能的影响其实远大于任何基因的影响。父母双方都能对孩子受教育的成果产生影响。在这一点上，与其他许多方面一样，父母的作用是互补的。父亲在行为的塑造、知识的传授、自信心的增强和学习环境的创造方面发挥着特有的作用。在课堂之外，父亲还能教授孩子技能、理念和思维方式。这些对帮助孩子跨越人生的高峰和低谷，同时保持内心强大与勤奋努力，并成为一个对社会有用的人而言至关重要。而父亲也必然能从中获得回报，实现自我的提升。

第 10 章

幼儿期及以后

父亲对儿童成长发育的作用

在人类历史的绝大部分时间里，主流观念都认为父亲对孩子的成长发育毫无影响可言。孩子的语言表达能力、运动能力、音乐才能或创作天赋被全部归功于母子间紧密且独有的联结，也就是说，只有母亲对孩子的影响才是关键。很明显，尽管生物学父亲贡献了一些基因，但人们普遍认为，成长环境才是最重要的影响因素，而这是持续照料和抚育孩子的母亲一人的专属领地。

作为一名演化人类学家，我对此实在无法苟同。因为这种观念否定了演化的基本原则——效率。演化是效率至上的，它在自然界的角色就好比一名身着灰色西装的会计师，总是尽力通过效率最低且最划算的可行方式来达成目标——物种的生存。但是，显然，人类会选择极为复杂的方式来解决自己的生存危机，因此创造了较为罕见的"尽职的父亲"角色。这意味着人类的合作、生理构造、交配行为和生命史都发生了重大改变。两性的生活轨迹曾经是缺乏交集的，可突然之间，他们要在交配以外的活动中开展合作了。于是，男性的大脑演化出了教导和养育后代的能力，成年人类逐渐习惯了以一夫一妻制为主的生命历程，他们的后代随之降生。我们对此不是感到心满意足吗？这是一场颠覆性的巨变，具有很大的风险。对人类这个物种来说，在生理和行为上发生如此巨大的改变，还要让演化推动这些改变，人类父亲必须具备一些对子女而言独特而攸关生死的能力。他必须在孩子的成长中发挥作用。在本章中，我将研究父亲的这种作用是什么，包括在孩子生命早期以及此后孩子踏上通往青春期的崎岖之路时。但在开始之前，我们要先了解一下人类构建自己生活的独特方式，以及为什么只有人类父母需要应对暴躁易怒的幼儿和寡言少语的青少年这些形态的幼崽。

精力是生命的货币，而"生命史"指的是个体在一生中分配自身精力的方式。所有动物可供分配的精力都是有限的，主要用于以下几个粗略划分的领域：成长、生存和繁衍。动物如何在这3个领域分配自己的精力，会对它们的生命历程产生深远的影响，例如会决定它们何时断奶，何时第一次交配，一次繁育多少后代，体形会长到多大，生命会有多长。以银背大猩猩和田鼠这两种体形相差悬殊的动物为例。雄性银背大猩猩首领拥有全部雌性的交配权，因此必须长成并维持巨大的体形，才能保持对群体的掌控，对抗可能与它竞争的其他成年雄性，并保护雌性和自己的后代。于是，巨大的体形耗费了它大量可用的精力。但除了心不在焉地陪玩和偶尔容忍小猩猩窃取它的食物以外，雄性银背大猩猩并没有花费任何精力哺育后代；它真正花在繁衍上的精力少之又少，不过是一点儿精子而已。因此，它可以把一生中的大部分精力都花在体形的增长和维持上，只花一小部分在繁衍上。在天平的另一端，与银背大猩猩形成鲜明对比的则是雌性田鼠。这种小型动物出生后仅10天就可以开始繁衍，而其寿命至多不过一年。雌性田鼠花在增长和维持体形上的精力不多，但其极早的性成熟年龄，以及每35天就可产下多达14只幼鼠的繁殖能力，意味着它的大部分精力都被投入了繁殖活动。人工饲养的大猩猩最多能活到55岁，而小田鼠的生命则完美体现了那句谚语"人生苦短，及时行乐"。相比之下，尽管一些有着享乐主义灵魂的人期望自己拥有短暂而绚烂的生命，但我们的生命体验必然与银背大猩猩的更相似——始自漫长的童年，一路曲折蜿蜒，直到逐渐老去。

人类生命史中受物种分配精力的独特方式影响的另一个方面，是所经历的成长阶段的数量、这些阶段到来的节点及其持续的时间。一般来说，"人生苦短，及时行乐"的物种倾向于尽快结束幼年期，匆匆进入成年期，并抓紧机会尽快繁育后代。与之相反，正如我们在第1章了解的，我们这些脑容量较大的物种需要更长时间来慢慢成熟，因此幼年期会持续很多年。

就具体阶段而言，包括我们这些灵长类在内的绝大多数哺乳动物的一生都包括3个阶段：婴儿期、少年期和成年期，也就是从依靠母乳生存的小毛球长成精力充沛到恼人程度的大个子，再长成完全成熟的成年体。不过，人类在很多情况下脱离了哺乳动物传统，在生命阶段划分方面也不再遵循这种模式。人类一生共分为5个阶段：婴儿期、儿童期、少年期、青少年期和成年期。这使人类成了一个非常特殊的物种，或许是唯一拥有 5 个成长阶段的物种。一般观点认为，只有鲸鱼和海豚与人类的情况相似。这些物种的共同点在于大脑异常巨大，因此在后代成熟之前，它们的大脑发育需要的时间更多，这些物种也就需要更长时间来学习如何充分利用大脑来取得成功。

我们日常所说的"童年"是一个用来探索的阶段，是结交朋友、接受挑战、走向外部世界踏上冒险之旅，或许还会发现自己对知识的热爱的阶段。然而，在生命史领域，这个阶段的定义缺乏浪漫色彩，仅指从断奶到独立进食之间的阶段。蹒跚学步的幼儿已经断奶，但需要成年人帮助他们进食固体食物，对此，我们这些经常要花几个小时应对一堆苹果和食物搅拌机的父母可是再熟悉不过了。最开始，负责帮助孩子进食的是母亲的女性亲属，但我们在第 1 章中讲过，从 50 万年前开始，父亲承担起了这一职责。

青春期则是另一个独特的阶段。这是一个充满了深刻的内心感受，在性、社交和创造力领域的探索以及衣着打扮方面的尝试的阶段。然而，对约瑟夫等父亲来说，这是他们需要对自己提出一些深刻问题的阶段。这些问题包括如何才能用最有效的方式帮孩子度过这个充满挑战的阶段，使他们成长为独立自主的成年人。

我和我父亲的关系很好。我下面的话听起来可能像委婉的批评：现在回头看，我希望在我青春期的时候，我父亲能对我的一些想法提出质疑，但他没有这么做，或许是有他的原因的。随着孩子成长为青少年，开始拥有自己的身份，我希望能发展和巩固一种有话直说的父子关系。我觉得，关于如何应对生命中的问题、挑战和机遇的疑问会越来越多。我希望能和孩子培养出足够亲密的关系，这样一来，当他们在努力解决这些问题的时候，我就能和他们好好谈谈了。

——约瑟夫（4岁）和利奥（2岁）的父亲约翰

从学术角度看，青春期的跨度是从骨骼停止生长到性成熟开始。关于为什么人类会演化出这一阶段，一直以来众说纷纭，但最大的可能性是为了让巨大的大脑充分发育，并让我们在被难以抑制的求偶冲动分心之前掌握对生存至关重要的知识。对青少年大脑的研究表明，这一阶段大脑的发育过程是惊人的。需要特别关注的是，在这一阶段，负责理性思考的区域——前额皮质仍然处于发育过程中，这就意味着青少年不会花时间去思考最合理的行动方案，而是会受到杏仁核影响，倾向于做出过于冲动和情绪化的反应。听起来是不是有些耳熟？当母亲被困在怀孕和哺乳无休无止的循环之中时，父亲的角色变得至关重要。是父亲控制住子女最过火的问题行为，为他们提供教育和指引。研究表明，父亲在青少年成长中的作用，与他们对幼儿和9~13岁儿童的影响同样重要；随着孩子年龄的增长，父亲的角色和行为也会发生微妙的变化。

不过，让我们暂时停下脚步，把青春期留待之后讨论，向前回溯，回到孩子生命中最初的几年。在前面的章节中我讲过，父亲和孩子之间的安全型依恋关系对孩子的健康成长至关重要。在孩子生命最初的 1,000 天里，由于正值大脑快速发育阶段，这一依恋尤为关键。2015 年，荷兰莱顿大学（Leiden University）的莉安妮·郭克（Rianne Kok）带领的科学家团队针对 191 名婴儿开展了一项前瞻性研究，以了解父母的养育行为对儿童大脑发育的影响。前瞻性研究意味着这些研究人员从受试婴儿仅 6 周大时开始研究，此后实时跟踪他们的发育情况，而非通过回顾过去来寻找关联（这种方法被称为"回溯性研究"）。研究人员首先募集一群刚出生的婴儿，对他们进行脑部超声扫描，并测量其头围，从而获得基准数据。在之后的 8 年里，研究人员只会在孩子年满 1 岁时评估父母在游戏过程中的敏感性，并在孩子三四岁时观察父母和孩子在游戏过程中解决问题的情况，在大部分时间里不会进行其他研究。又过了 4 年，也就是孩子 8 岁时，研究人员会对他们的大脑进行磁共振成像扫描，观察大脑结构的具体细节，包括灰质和白质的体积等。别忘了，灰质是神经元，而白质则是将神经元连接在一起的轴突纤维，使大脑不同区域可以互相交流。理论上讲，灰质和白质体积越大、密度越高，大脑就越"发达"，因为神经元和促进这些神经元交流的轴突纤维更多。正是这种复杂的神经结构让我们展现出了人类特有的认知灵活性和复杂性。

研究人员发现，父母在玩耍和与子女共同解决问题时的敏感性如果较高，子女脑内白质和灰质的体积就会较大，脑的总容量也较大。由于建立了安全型依恋的父母和子女的催产素水平趋于一致，父母对子女的行为示范和子女的大脑结构同样存在一致性。在用磁共振成像扫描呈现出灰质和白质的情况之前，我们就已经能看到父母的行为对孩子成长存在显著影响的证据。我认为这是一个了不起的发现。在这项研究中，敏感性高的父母实际上为孩子今后的生活打下了结构性基础，并在神经结构层面上帮助孩子茁壮成长。

蹒跚学步的幼儿期是一个经历迅速和剧烈变化的阶段。幼儿再也不能完全依赖父母，而是开始作为独立的个体探索世界。此时，他们的语言能力正在发展，但缓慢到令人沮丧，无法充分表达出自己的需求；一些在婴儿时讨人喜欢的行为，到这个阶段变得不再可爱，因此周围的成年人会开始对幼儿进行约束；开始上学前班和幼儿园则意味着必须开始学习和遵守无穷无尽的社交规则。这样看，也难怪这个年纪的孩子总是脾气暴躁了。在这段时期，新皮质的关键区域，也就是大脑外层负责高阶思维的区域在快速发育。而这一区域——前额皮质负责的是执行功能，执行功能指的是一系列使我们能够灵活应对各种情况的技能，因此前额皮质是让我们得以解决问题、保持专注以及抑制无用本能行为的区域。这也是一个在青少年的大脑中稍显混乱的区域。执行功能使我们能够迎接新的挑战，解决新的问题，抵御诱惑。长期来看，前额皮质功能健全的人心理更健康，更能有效规范自己的行为，在校表现也更优异。如果孩子在这一时期能得到最为体贴的支持，那么大脑这一区域及其负责的功能将为孩子未来顺利生活打下坚实的基础。许多父亲都和约翰一样，对这个问题进行过深入的思考。

> 我想，我们面临的长期挑战在于，如何帮助孩子在成长过程中变得越来越独立。我们该如何引导他们，才能提升他们的独立性？当然，对我们来说，上学当然是（约瑟夫）离开我们、走向独立的一步。
>
> ——约瑟夫（4岁）和利奥（2岁）的父亲约翰

由于父亲对玩闹的关注，他们在促进孩子执行功能发育方面能够起到独特的作用。在第7章中我介绍过，玩闹是培养亲子依恋关系的关键，尤其是在西方家庭中。但是，这种游戏的特点——关注对方的突然行动、迅速做出反应、控制激烈的情绪反应以及应对和克服生理与心理挑战等对执行功能的发育同样重要。有确切证据表明，与正处于幼儿期和学前阶段的孩子玩闹的行为，对促进这些技能的发展格外关键。

2015年，美国北卡罗来纳大学（University of North Carolina）和纽约大学（New York University）的一群学者以620名来自宾夕法尼亚州和北卡罗来纳州低收入农村家庭的儿童为对象，研究了父母与子女的玩耍行为对子女执行功能发育的影响。在研究中，他们分别观察这些儿童7个月和2岁时与父母一起玩耍和单独与父母一方玩耍时的情况。观察期间，父母的任务只是与孩子玩耍。在孩子7个月大时，玩耍形式不受限制；等孩子到2岁时，玩耍则主要以难度逐渐加大的拼图游戏为主，需要母亲或父亲参与游戏，为孩子提供帮助。父母敏感性高的表现为参与度高、热情，能够积极回应孩子，兴奋度适中并能在玩耍过程中帮助孩子学习；而敏感性低的表现为参与度低，意识不到孩子的需求或无法给出适当的回应，没有尝试教导孩子或始终表现得冷漠而被动。这就是衡量父母敏感性的标准。

最后一次游戏结束1年后，研究人员再次回访，对这群已满3岁的孩子们进行测试，评估他们的执行功能。这些测试由儿童熟悉的手翻书、图片、图形和颜色组成，用于评估他们的记忆力、专注力和自控力——执行功能的3个主要方面。结果表明，父亲对孩子执行功能的影响在孩子2岁时最为显著。在拼图游戏中得到父亲的积极帮助和学习指导的孩子有着更出色的工作记忆——这一点对解决问题的能力而言很重要，其专注力和自控力也更强。这些能力对孩子在校期间的优异表现以及未来在社会环境中的成功而言都是不可或缺的。不过，在孩子7个月大时，父亲对孩子执行功能的影响并不比母亲的更大，父母双方可以起到大致相同的作用。似乎只有当婴儿长大，开始探索世界，逐渐拥有脱离父母的个人生活时，也就是当他们变成独一无二的个体——一名幼儿时，父亲在孩子成长中的独特作用才会显现。父亲关注的重点是协助孩子培养他们的能力，在本项研究中为认知能力，从而帮助他们在外部世界取得成功，哪怕迈出的第一步仅仅是上学前班而已。

丹：从长远看，我觉得我要付出更多。我想，当他们逐渐长大，他们会更喜欢我的。我会耐心等待。我喜欢给他们建议。我对他们说："我现在给你们提的建议，也许你们没当回事，但将来总有一天你们会恍然大悟的！"所以我觉得（我应该）坚持这么做，不是为了他们能怎么样，也不是为了自己能怎么样,我只是感觉等他们长大一点儿,这么做的好处就出现了。

西蒙:我反而喜欢现在。我总是在想,他们不会永远都是小可爱,总有那么一天,他们会说:"我们不想要两个爸爸。我不想再抱你了,别再用可怕的胡子扎我一脸了。"

——黛西(6岁)和比尔(5岁)的父亲丹和西蒙

事实上,父亲在孩子发育中起到的独特而强大的作用不仅限于执行功能这一方面。L-E. 马尔姆伯格(L-E. Malmberg)带领牛津大学的研究者团队在英国境内针对97个家庭开展了一项研究,旨在了解高敏感性育儿方式对儿童的总体认知能力和语言能力的发展有何影响。研究人员主要关注两个关键问题。第一,双亲中敏感性高的一方能否减轻敏感性较低的一方对孩子造成的消极影响。第二,高敏感性育儿方式是否始终与大脑发育有关,而不受父母的出身和受教育水平、社会阶层、家庭收入等社会经济因素影响。

研究人员发现,孩子11个月时父母表现出的敏感性水平能影响孩子18个月大时的心智能力和3岁时的语言能力。但是,只有在不考虑母亲的社会经济因素,即假设所有母亲都具有相同背景的前提下,才能得出这种结论。如果将社会经济因素纳入考虑,让研究更真实地反映出人类群体的多样性,那么母亲的敏感性就不会影响到孩子这些方面的发展了。与之相对的是,父亲无论社会经济地位如何,都能对孩子产生重大影响。无论来自富裕城郊还是贫穷农村,只要父亲敏感性高,积极参与孩子的生活,他就能对孩子的心智发育和语言能力产生深远的影响。事实上,就语言能力的习得而言,父亲的影响明显比母亲的大。由于父母双亲的影响不同,父亲可以弥补母亲敏感性不足给孩子成长带去的不利影响,这就意味着父亲的育儿能力可以在一定程度上抵消不够健康的母子关系对孩子心智发育的潜在消极影响。

显然,父亲有能力影响孩子大脑的结构和功能的发育,从而为他们打下强大的神经基础,使他们能从自身经历中吸取经验和教训,并采取适当的行为反应。对孩子来说,需要做出正确反应的关键领域是社交场合。我们从第5章中了解到,无论是奥塔、麦克、斯吉思还是詹姆斯,所有这些父亲都会努力让孩子了解并体验身处的社会环境,从而培养他们做一个成功的成年人所需的技能。在本章中,我希望大家了解,父亲的哪些行为和灌输给孩子的哪些内容能够达成这一目的。

阿德里安:她一直非常善于交际,在社交方面比较积极主动。她是个很合群的人。

诺亚:而且她真的很讨人喜欢。

阿德里安:你这么说是因为你是她爸爸。

诺亚:不,如果她不讨人喜欢的话……你其实能看出别人喜不喜欢你的孩子。她性格这一点真的特别棒,和她在一起很有趣。我喜欢跟她待在一起。

——朱迪(7岁)的父亲诺亚和阿德里安

所有群居动物的后代都像朱迪一样，需要设法融入自己所在的社会群体并接受群体内的行为规则。蚂蚁和蜜蜂等较低等级的生物会通过视觉和基于气味的嗅觉来获得引导。而对哺乳动物来说，还没有离开父母时，它们就得学习第一节社交课程了，那就是和双亲建立互惠互利的关系。我们人类则需要利用两个层面上的行为来巩固社交纽带。第一个层面较为基础，是哺乳动物共有的。我们在拥抱、抚摸和接吻时都会释放催产素，从而为社交关系提供神经化学黏合剂。第二个层面相对高级，需要用到新皮质，也就是大脑表面更高级的智力和认知能力所在的区域。这一区域会让我们通过语言和复杂的思维来发展社交关系，在恋爱关系中则导致了令人沉醉的白日梦、突然想写诗的冲动和对爱人美好之处的反复回味。这两个层面上的行为，例如拥抱和交谈，从我们很小的时候就开始了。进入幼儿期之后，我们就会进入一个不仅仅由亲属组成的新社交圈。一旦开始接受学前教育，我们就进入了一个潜在的社交关系与血缘无关的世界，并被这个世界接受。因此，为了让自己融入群体，我们得学会两个关键技能：调节情绪的能力，目的是不把别人吓跑；对既定规则的遵守，也就是对社会规范的服从。

露丝·费尔德曼认为，生物行为同步性理论是所有依恋关系的基础，这意味着两个关系亲密的人的行为、心理和激素水平都存在关联。在之后的另一项开创性的研究中，她的团队发现，父母的大脑结构也存在类似的镜像关系。他们发现，父母的大脑中神经联结，即白质的密度，与孩子调节情绪和接受社会规则的能力存在正相关。

众所周知，人类大脑中有3个与育儿行为有关的神经网络，分别是边缘系统、共情系统和心智化系统，代表了基本的情绪、情商和心智能力。边缘系统非常古老，是所有哺乳动物都具有的，而后两者则位于新皮质中。这3种基础和高级系统由双向沟通的方式连接，使人类父母能够进行多层次的育儿活动。艾亚尔·亚伯拉罕、塔尔玛·亨德勒（Talma Hendler）、奥娜·扎古里-莎伦和露丝·费尔德曼以家庭中子女的主要照料者——25名异性恋生物学母亲和20名同性恋生物学父亲为对象共同开展研究，旨在明确前文中3个系统中的神经联结密度以及它们与彼此的关联。这支来自以色列的研究团队发现，无论主要负责育儿的是父亲还是母亲，研究者都可以通过其行为和神经结构预知孩子适应幼儿园社交环境的能力。因此，抚触、简单的言语安抚和眼神注视等最基本的育儿行为决定了孩子控制快乐等简单情绪的能力。此外，父母在孩子婴幼儿时期与其的生物行为同步性，即与行为、生理指标和情感联结相关的激素均呈现同步的现象，也预示了孩子具备处理沮丧、愤怒等较复杂情绪的能力。如果父母的育儿方式温暖而积极，能适度控制孩子，为其设定合理界限——社交规范，孩子在幼儿园里便能与其他孩子相处融洽。

但除了明确的行为关联之外，孩子的这些能力与父母的大脑结构之间同样存在惊人的关联。如果父母大脑中与情绪相关的区域内灰质和白质密度更高，其子女通常心态会更积极，能够通过自我安抚来缓和较为简单的情绪，在社交方面也更活跃。如果父母大脑中与共情相关的区域内灰质和白质密度较高，子女心态同样会更积极，但能够采用更复杂的行为来调节较强烈、更消极的情绪。此外，如果父母大脑中心智化相关区域内灰质和白质密度较高，子女的社会化水平也会较高，更能理解和遵守成年人的要求，乐于分享，并能帮助和安慰他人。还有一点更为显著，那就是父母大脑中边缘系统和共情系统之间神经联结的密度与孩子学前阶段的催产素水平存在直接关联。这样看，父母的大脑仿佛是孩子情绪和行为发展的真正的生理基础。

为什么这些结果如此重要？首先，我们能从中看到社交能力是如何跨代际传递的。这项研究中的父母体现了较强的情绪、共情和心智化能力，而这些能力恰恰是做一名成功的社会人所必需的。那么，他们可以通过育儿行为，将这些能力传递给自己的孩子。其次，这些结果告诉我们，在幼年掌握这些能力的人会终身受益。幼年情绪调节良好且社交能力较强的人，成年后在人际关系、教育和就业方面都能取得更大的成就。

因此，如果你是一名父亲，为你的孩子培养这些关键社交技能是至关重要的，而最有效的时间段就是在孩子出生后的1,000天里，即直到孩子年满3岁为止。重要的是，父亲要在社交中把自己希望孩子拥有的社交技巧示范给他们看；花些时间倾听他们的情感和需求，从而给予他们适当的支持；通过玩闹来促进生物行为同步；一旦发生不可接受的行为，就要设定清晰的边界，明确告诉孩子什么行为才是好的，什么是需要避免的。有时，这些并不容易做到，尤其是当父亲设定的界线遇到暴怒的母亲时，但是通过向孩子讲清楚什么是可以接受的，什么是不可以接受的，父亲其实赠予了孩子一份珍贵的礼物：在社交世界中如鱼得水的关键能力。

当然，这样的情况或许有些理想化，毕竟一些父亲出于客观条件或许很难甚至无法提供孩子需要的陪伴。无论父亲是由于工作、健康问题还是分居而无法适度参与孩子的生活，这种情况都可能导致孩子的社交行为出现严重问题。父亲参与度不足的后果之一就是孩子的社交退缩（social withdrawal）行为。社交退缩与情感投入相反，包括积极社交行为的减少或极度匮乏，也包括消极社交行为的减少——孩子的注意力从外界转向了自身。这种情况可能是孩子自身的性格导致的，常见于患有自闭症、创伤后应激障碍或依恋障碍的儿童中。这种情况也会出现在父母患有抑郁症的儿童身上。一些观点认为，这些儿童是在通过模仿养育者的一些行为，如悲伤、嗜睡和缺乏活力，来应对这种非正常的亲子关系——可算是同步性作用的消极表现了。当我们逐渐发现患有产后抑郁症的新手父亲比例很高，而且父亲身份的过渡可能需要长达 2 年的时间才能完成后，我们意识到一个明显的事实：在宝贵的学前阶段，父亲的心理健康问题可能会对孩子的情绪和行为发展造成不良影响。

近期的多项研究都印证了这一点。芬兰儿童精神病学家米尔贾米·曼蒂玛（Mirjami Mäntymaa）及其同事通过对 260 名幼儿的研究发现，儿童出现社交退缩行为的风险与父亲在实验开始前一年对自身心理健康的看法存在关联。我在牛津大学精神病学系的同事保罗·拉姆钱达尼花费了十余年时间，探索父亲的心理健康问题和精神障碍对孩子成长的影响。他发现，如果父亲在孩子出生后患上了抑郁症，男孩在 3 岁半时行为出现问题、语言发育不良的风险会升高。如果父亲在产前和产后均患有抑郁症，那么孩子在 7 岁时出现精神障碍症状的风险会升高。为什么针对两个年龄段孩子的研究都发现了这样的关联呢？或许根本原因在于人类最典型的两个特质——说话的方式和内容。

2012 年，拉姆钱达尼邀请了 38 名新手父亲参与研究。他们的孩子都是 3 个月大，有男孩也有女孩，但其中 19 名父亲有一个共同点：他们都被诊断为抑郁症。拉姆钱达尼要求所有父亲在不借助玩具的情况下花 3 分钟时间与孩子说话和玩耍，他则会记录他们的互动并分析父子"对话"的内容。他发现，患有抑郁症的父亲在和孩子互动时倾向于以谈论自己的经历和感受为主，而不会关注双方共同的游戏体验。此外，他们的措辞体现了所谓的"负面偏见"。他们更倾向于使用负面的语言，并会公开批评自己和孩子。孩子与养育者建立安全型依恋关系的能力和心智化技能的发展，在某种程度上与孩子和养育者互动时"心灵相通"的程度有关，而心智化正是使我们理解他人想法和情绪的能力。在患有抑郁症的父亲与孩子互动时，这种"心灵相通"的思想交流不会出现，因为这些父亲在大部分时间里是以自我为中心的。这样一来，他们可能影响孩子依恋关系的建立和心理的发育。

然而，如果你是一名受心理健康问题折磨的父亲，情况也不是完全悲观的。让你给予孩子积极影响的大门并不会在孩子 2 岁时轰然关闭。正如我们从青少年身上了解到的，在我们的一生中，大脑始终在发育和变化。研究人员发现，在另一些阶段，父亲同样可以对儿童造成重要影响。父亲只要在这些时候给予孩子正确的影响，就可以弥补过往的缺憾。只要能抓住在人类大脑的不断发育中出现的机会，父亲就可以把握住这些高度敏感的时期，在孩子的生活中重新找到自己的位置，带给孩子一些积极、正面的影响。这些关键时期中的一个，就是充满了快速变化与动荡的青少年初期。

在本章开头我曾提到，据我们所知，人类是唯一拥有青春期的物种。一种公认的解释是，这是为了让我们的孩子有时间学习在人类世界中取得成功所需的一切知识。放在人类漫长的演化发生的环境中，这就意味着远古的父亲要带子女一起到草原上去学习工具制作和狩猎技能，并花些时间磨炼子女的社交技能，让他们能顺利地和其他猎手共同规划狩猎活动并展开合作。这些都是关键的生存技能。对如今的父亲而言，这意味着要教孩子做饭、使用洗衣机、参与团队运动，或为了在今后申请大学时选择范围更广而鼓励孩子培养智力或体育方面的新特长，最后一点可谓重中之重。但除了教授技能，父亲对青少年最脆弱的方面——心理健康领域也能起到独特的作用。

随着波比逐渐长大，到目前为止，教她学东西最好的方式就是让她亲手去做，只要保证安全就行。和"照我说的做，不要学我做"正相反。有时候，你得让他们去做一些事。他们可能会从哪儿掉下来，或者撞上什么，变得非常沮丧。你得允许孩子做孩子的事，让他们自由探索一些新东西。他们很坚强，他们跌倒再爬起的样子或许比你想象中更顽强。你要在和他们玩耍、给他们读书的时候对他们提出一些挑战，让他们面对一些风险，尽可能让他们接触新东西，这样一来，他们以后遇到这些东西时就能应对自如了。

——波比（5岁）和伊莎贝尔（2岁）的父亲奈杰尔

生活中充满了困难和问题，迎接它们的最好的态度就是："好吧，我来试着解决它们。"而有些人会陷入消极情绪里无法脱身。我希望她能永远乐观地看待问题。

——朱迪（7岁）的父亲诺亚

复原力指一个人积极地去应对和适应困难或挑战的能力。这也是诺亚和奈杰尔决意在各自孩子身上培养的品质，哪怕这些孩子年纪还很小。与复原力弱的人相比，复原力强的人往往在社交方面更主动、更灵活，对生活的满意度也更高。父亲在行为层面的主要职责之一就是让孩子接触逆境和挑战，从而培养他们的复原力，使他们能够面对并克服未来生活中的艰难险阻。但是，这并不代表真要让孩子在10级大风中步行30千米，而是要允许孩子在生理和心理层面冒一些风险，并让他们明白，你是他们随时可以回头寻求庇护的温暖而安全的港湾。中国陕西师范大学心理学家张宝山领导的团队从一个有趣的角度研讨了这一问题。该团队认为，父亲影响孩子心理复原力的独特能力，要百分之百归功于他的性别。

张宝山及其团队认为，复原力强的人往往具有"男性人格特质",具体表现包括社会支配倾向、目标导向、自信、心理承受能力强、乐观以及看到事物积极面的能力。"男性人格特质"并不意味着只有男性才能拥有这些性格特质,而女性不能。这个概念的意思是,在这个以性别划分的世界里,这些特质通常被视为"属于男性的",因此男性更可能拥有这些特质,并将其传递给自己的子女。研究人员请748名11~16岁的中学生从两个维度评估父亲在他们生活中的参与度:父亲表现出的温情以及对他们的惩罚或管束。此外,他们还请这些学生表示自己对一系列论断的认同程度,例如"男人是勇敢的"。这种测试不仅可以评估他们对男性刻板印象的看法,还能评估他们对男性性别角色的认同程度。

他们的发现非常有趣。正如我们所料,那些认为父亲对自己充满温情的孩子表现出了更强的复原力,而那些父亲过于严厉的孩子的复原力较弱。温情的教育对孩子的心理健康有益,而严厉的管束则会使孩子逃避挑战和困难。但事实并不是"温情培养出复原力"这么简单,而是父亲和孩子之间的温暖和亲密导致双方形成了对彼此都有益的关系,于是孩子无论性别如何,都会从父亲身上获得一些男性人格特质,而正是这些特质为复原力的培养打下了基础。如今,这样的结论存在一些争议,因为它可能意味着女性人格特质会导致复原力弱。但是,关于为什么父亲对孩子应对挑战和风险、心态良好地摆脱困境的能力负有特殊责任,这一研究提供了一些有趣的解释。

父亲对孩子心理健康独特而独立的影响与不同文化中父职模式的差异无关,而是一种普遍存在的现象。从中南美洲到中国，从欧洲到北美，绝大多数父亲都会对孩子未来的心理健康产生独特的影响。阿根廷发展心理学家玛丽亚·克里斯蒂娜·理查乌德·德敏兹（Maria Cristina Richaud de Minzi）同样发现，父亲对孩子心理健康的影响与母亲的不同，且更为深刻。在接受她调查的 860 名 8～12 岁的儿童中，与父亲形成了安全型依恋的孩子出现抑郁症状和感到孤独的可能性远比其他孩子低。与之相较，未能与父亲形成安全型依恋的孩子远比其他人更容易感到孤独，更害怕独处，也更容易在和父母一方的亲子关系与友情中感到孤独。

为什么父亲会对青少年的心理健康产生如此深远的影响？这种影响来自两个共同作用的因素——父亲对培养孩子社交能力与自主性的关注和青少年身处的独特的成长环境。进入青春期就意味着开始走出一直以来由父母创造的环境，进入崭新的世界。在这样一个世界里，你最主要的影响对象是你的同龄人。为了适应这个世界，你必须相信自己有能力独立生活，并能通过尽力展现出亲社会行为来建立健康、互惠的人际关系。亲社会行为指的是为了提高自己受社会认可的程度而与他人建立友谊的积极、有益的行为，如同理心的展现、分享行为和得体的情绪控制。由于此类能力大多与父子间的依恋关系有关，而无法有效社交会带来孤立感和压力，因此父子关系能够直接影响孩子未来出现抑郁和焦虑症状的可能性。

然而，父子关系的重要影响不只表现在子女的青春期。青春期的父子关系还会对子女成年后的身心健康造成深远的影响。在第 8 章中我们了解了压力激素——皮质醇。虽然少量皮质醇对我们非常有益，可以帮助我们应对导致压力或者造成威胁的直接原因，但大量皮质醇的长期存在则会使人难以应对带来巨大压力的人生大事，也会对健康造成不良影响，增加心血管疾病、糖尿病、高血压和癌症的患病风险。2017年，美国亚利桑那州立大学（Arizona State University）和旧金山大学（San Francisco University）的心理学家研究了子女青春期时与父亲共度的时间对子女成年初期处理难题时皮质醇水平的影响。研究团队发现，如果父亲在孩子青春期花时间陪伴孩子，一起从事休闲活动或做家务，如做饭，那么这些孩子在成年后面对难题时的皮质醇水平会比缺乏父亲陪伴的同龄人低。此外，无论这对父亲和孩子来自什么种族，无论父亲是孩子的生父还是继父，结果都没有差异。此前的研究显示，在评估自己对父亲的重要性时，青少年会把父亲花在自己身上的时间视为一个重要因素，而对这种重要性的判断结果对其自尊心和心理健康会产生连锁反应。可见，这项研究表明，运转正常的神经化学系统是心理健康的基础。因此，如果家中有青少年子女，父亲应该确保自己和孩子单独相处的时间。父子共同从事的活动不需要多么特殊，一起洗车或者周日一起烤肉就是不错的选择。这样的相处虽然简单，却是不可或缺的，会让孩子感觉自己对父亲来说很重要，大大促进父子情感纽带的巩固。即使孩子长大后会离开父亲，这种纽带对他们未来的幸福也有着关键作用。

不过，父亲能传授给孩子的可不仅仅是生活经验或烤肉秘方，还有一些刻在基因之中的东西。表观遗传（epigenetics）指环境在父亲童年时对其成长的影响可能会遗传给子女的现象。

这个概念可能有些难以理解。孩子 50% 的基因源自生父，这是毫无疑问的，但是由于遗传物质——DNA 在我们的一生中并不会因环境的影响而发生变化，我们曾经认为，父亲在母亲受孕前无论是吃、喝还是吸入什么都不会对其基因造成影响，也就不会遗传给后代。父亲可以安心地按照此前的习惯生活，因为他们知道，他们的行为可能会对孩子的心理造成影响，却不会让孩子出现任何生物学上的根本性改变。但现在我们发现，事实并非如此。父亲在母亲孕前的一切特质都是可遗传的，并能对孩子的成长造成积极或消极的影响。

表观遗传描述的并不是基因密码，即 DNA 本身的改变，而是基因运作方式的变化。可以说，DNA 就像硬件，而表观遗传则像改变基因表达方式的软件。因此，产生变化的是负责压缩 DNA、使其适应细胞核大小的染色质，或是被 DNA 缠绕的组蛋白，而不是基因本身。换言之，被改变的是软件，而不是硬件。我得承认，我自己也花了不少时间才明确这一点。下面这个例子也许更便于你理解。

在 19 世纪的瑞典北部，作物歉收与丰收的情况会交替、循环出现，因此在作物丰收的时候，人们会趁机大吃特吃。据观察，两代之后，这些人的孙辈死于糖尿病和心脏病的概率远高于其他人，就好像长期摄入了过多营养一样。实际上，他们本身并不超重。为什么糖尿病这种常由肥胖导致的疾病在这群人中如此普遍？原因要追溯到数十年前他们祖辈生活的时代。当时周期性的粮食富足和匮乏带来的后果足足跨越两代，影响了孙辈的身体健康。放纵的饮食习惯改变了祖父母的基因表达，他们的子女遗传了这一点，又将其传给了孙辈。这就是表观遗传的力量。

越来越多的证据表明，当代西方泛滥的肥胖现象或许正是表观遗传机制导致的。最早的相关研究发表于 2006 年。伦敦大学学院儿童健康研究所（Institute of Child Health）的马库斯·彭布雷（Marcus Pembrey）与合作机构的英国和瑞典同事研究了父亲在童年时期吸烟对其未来子女的身体质量指数（body mass index，BMI）造成的影响。身体质量指数是一项在医学界被广泛用来评估体重是否健康的数据。研究人员借助一项关注儿童成长的长期计划——埃文河父母与儿童纵向研究（Avon Longitudinal Study of Parents and Children，ALSPAC）建立的庞大数据库，探索了父亲开始吸烟的年龄与其子女的身体质量指数之间的关联。研究涉及 9,886 名父亲，其中 5,451 人有过吸烟史，大部分人从 16 岁开始吸烟，部分人在 11~14 岁期间就开始吸烟，此外，还有一个虽然不大但非常重要的人群——有 166 人表示他们不到 11 岁就开始吸烟了。彭布雷发现，父亲在童年或青春期开始吸烟的时间越早，孩子的身体质量指数就越高。如果父亲在 11 岁之前就开始吸烟，那么孩子会有很高的肥胖风险。但这种情况只适用于儿子，对女儿则毫无影响。由此，我们得出了基因遗传的又一结论：父母双方基因对子女的影响并不是等同的。

印记基因（imprinted gene）指母亲或父亲携带的可以被"沉默"的基因。这就意味着尽管孩子会遗传父母双方的基因，但根据被沉默方的不同，只有一方的基因会在子女身上得到表达，进而影响其行为、能力、身体结构和患病风险。因此，一个人遗传到的特征可能只来自父亲，也可能只来自母亲。与马库斯·彭布雷对吸烟和肥胖相关性的研究中提及的案例不同，决定印记基因是否发挥作用的不是子女的性别，而是父母的性别。同一种基因或许会在母亲身上沉默，但却在父亲身上得到表达，意味着这种基因只有在来自父亲时才会对子女造成影响，而在来自母亲时不会有任何影响。学术界认为，印记基因对大脑的发育尤为重要，而父母双方或许分别对孩子不同方面的发育负有"遗传责任"。不过，这一领域内的研究刚刚起步，目前关于印记基因的影响，最有力的证据仍然来自对肥胖的遗传学基础的研究。巴黎圣文森特·德·保罗医院（Hôspital Saint-Vincent de Paul）的凯瑟琳·勒斯邓夫（Catherine Le Stunff）及其同事研究了基因遗传和胰岛素分泌之间的关联。他们发现，目标基因共分两种类型：Ⅰ型和Ⅲ型。从父亲处遗传到Ⅰ型的儿童患早发性肥胖症的风险远高于从双亲中一方处遗传到Ⅲ型或从母亲处遗传到Ⅰ型的儿童的。这种基因就是印记基因——被母亲沉默，被父亲表达。

表观遗传与印记基因在儿童发育中的作用属于前沿课题。关于二者的影响以及双亲起到的不同作用，我们目前仍处于探索阶段。但是，随着我们的认识不断加深，尽管健康始终是遗传学研究优先考虑的问题，我们未来将不仅关注健康，还会开始认识父亲的基因如何对子女的身体结构、生理状况和行为发展带去独特的影响。

父亲对孩子的发育有着深刻而真切的影响，覆盖了从遗传基因到激素水平，从大脑结构到行为表现，从复原力到身体健康的许多方面。在某些领域，父亲的影响与母亲的大致相当，但在语言、执行功能、亲社会行为和心理健康方面，父亲的影响是独特和独立的。如果你是一名父亲，请记住，积极参与育儿，尤其是在孩子的幼年期和青春期，对孩子的长远发展是有很大好处的。你给孩子上的课、教授他们的技能、花在陪他们玩耍上的时间以及传授给他们的经验，都会为他们未来拥有成功而健康的生活打下重要的神经、心理和行为基础。这种基础如果足够牢固，将能影响孩子成年后的生活，并持续孩子终生。即使你已经离开，你培养的优秀后代仍将从你留给他们的宝贵财富中受益。

第 11 章

父亲 24345.0

未来的父亲如何育儿

如今我们生活在 21 世纪，人类的父职行为在经历了 50 万年的演化后，已经发生了太多变化。我们目睹了所有古人类表亲的灭绝，自认为是最后的幸存者。我们经历了多次冰河时代，散居世界各地，建立了村庄和城镇，驯养了家畜，提出了复杂的经济学原理，创造了百花齐放的文明和语言，不断逼近甚至突破科技创新的边界，陷入了战争，进行了和谈，同时还有闲心开发《宝可梦 Go》(*Pokémon Go*) 以供娱乐。而在此期间，人类的父职行为已经根据所有这些变化做出了相应的调整，更重要的是，在这些变化中得以留存。我把本章取名为"父亲 24345.0"，是因为，说实话我不确定今天我们选取的研究对象是父亲这个模型的哪一个版本，毕竟他的角色如此灵活，发生的变化令我们应接不暇。不过，有一点是我能确定的，也是你应该能从前 10 章中看出的——父亲仍然处于我们社会的中心位置。父亲是社会中的关键角色，坚守着保护和教导后代两大主要职责，为子女的现在和未来付出心力。

在本章中，我将分析父职行为如今的情况以及未来的趋势。10年前我刚开始进行父亲相关研究时，我遇到的父亲们还只会感激终于有人开始关注他们，几乎没人考虑过社会对父亲的看法和政府提供的支持性计划这些更加深入的话题。但是，随着研究成果不断积累，媒体关注度不断提高，当新一代父亲逐渐认识到他们能带给孩子的有利影响以及为人父回馈给他们的快乐和满足感时，父亲的角色逐渐拥有了政治意味。他们开始了解自己的意愿、需求和权利，并因为重获关注而感受到了为自己发声的力量。

我所有的研究都以一段访谈作结。在完成问卷调查、抽血和体检之后，这种自由自在、几乎没有特定结构的研究方式能使受试的父亲们真正摆脱束缚，利用这个机会分享自己的想法、意见和经验。这段对话很大程度上由父亲们主导，每次访谈可能持续数小时。然而，在每段访谈结尾，在讨论过做父亲的实际情况，记录了孩子出生的经过和父亲们的兴奋和恐惧，探究了他们焦虑和快乐的来源之后，我总会问出最后一个问题：你觉得我们的社会对待父亲的方式怎么样？这些访谈大多充满了热爱、自豪、沮丧和恐惧等强烈的情感，但在很多情况下，正是这最后一个问题引发了他们最强烈的回应，有时甚至是愤怒的。这些父亲对自身的角色进行过大量的思考和审视——事实上，正是对父亲身份的看重让他们认为花时间和精力参与我的研究也是很重要的——但他们的亲身经历显示，他们身为父亲做出的奉献常常得不到认可，甚至还会受到刻意的贬低。在英国这个母亲的角色至高无上甚至被捧上神坛的社会中，父亲很少能得到关注和支持,"父亲带不好孩子"的刻板印象长期存在,这种现状导致我在研究中遇到的许多父亲都有这样的感受:尽管我们的社会口口声声说会关注他们的需求,但这种关注并未得到行动的支持,主流声音依然希望他们回到自己原来的位置上。阿迪特的感受在我访问的父亲中很常见。

> 我认为英国政府,或者说英国社会并不认为家庭生活中需要父亲,这就解释了为什么他们出台了只有14天的男性产假制度。这给人的感觉就好像他们只想尽快把父亲从家里赶出去一样。
>
> ——巴兰(6个月)的父亲阿迪特

确实,在父亲的问题上,西方社会正处于一个关键的转折期,一场潜在的改变已经近在咫尺。对我们这些从事父亲研究的人来说,这是令人振奋的事。一边是"尽职的父亲"的乐园:父母地位平等,共同育儿,共同赚钱养家,为孩子付出同等的时间和精力。另一边则是传统父亲熟悉的方式:养家糊口,管教孩子,但与伴侣和子女之间仍然保持少许距离。客观地说,我们知道,为了孩子、家庭和社会的福祉,通过尽职的父亲的模式回归演化的本源是我们在未来应该选择的方向,但真正选择哪条道路仍然取决于每个父亲自己。当呼吁改变的父母足够多时,变化终将到来。父亲未来的命运和父亲角色的方方面面一样,与社会的政治和经济形势密不可分,因为归根结底,父亲不可能完全独立行动,而必然要置身于社会的大背景中。这正是问题的棘手之处。

10年前，关于父亲育儿行为的学术论文和新闻报道一只手就数得清，但政策制定者中几乎没有人提过这个话题。如今，父亲的角色受到了越来越多的重视。你只需要看看全球智库、各国政府和非政府组织针对父亲育儿和伴侣共同育儿行为的报告的数量，就会清楚这一点。过去几年来，英国皇家助产士学院（Royal College of Midwives）、"男性关怀"（MenCare）、"工薪家庭"（Working Families）、"国际男性与性别平等调查"（International Men and Gender Equality Survey）、美国国会研究服务处（US Congressional Research Service）、"美国父亲参与教育计划"（The National Fatherhood Initiative）以及英国政府设立的女性与平等委员会（Women and Equalities Committee）等机构都在调研与撰写世界范围内父职情况报告，并关注着许多相关话题——父亲在分娩中扮演的角色、父亲平衡工作和家庭的情况、世界各国父亲享有产假的情况、家庭中真正平等的推进。被忽视多年的父亲的角色，如今终于成为讨论的焦点，这一切都令人感到振奋。这种高涨的兴趣就算姗姗来迟，依然意味着一种认可，认可了父亲对子女和社会做出重大贡献的可能。不过，虽然这些报告受到了广泛的欢迎，但它们对具体实践的影响则清楚地表明，我们还没有实现观念的统一，还没能让现实满足当今父亲的期待，因此还有很长的路要走。这些报告中的两份最能体现这一点。一份主要聚焦英国，关注的是新手父亲的情况；另一份则关注世界范围内母亲和父亲地位的差异。

2010年，皇家助产士学院发布了名为《2020年度产科情况前瞻》(*Midwifery 2020*)的报告，描绘了对2020年英国产科实践的愿景。这份报告明确地将父亲列入了目标读者群。报告提到，越来越多的科学证据表明，父亲参与会对母亲和孩子的健康以及孩子的成长发育造成影响。报告强调，孩子出生前后这段时期是为父亲提供建议和支持，使他们轻松完成角色转变的"绝佳时期"。报告明确指出，在孕产妇护理中，父亲扮演着重要的角色，因此有必要提高父亲的参与度，不但要就如何提升服务质量征求他们的意见，而且要鼓励他们成为变革的推动者。综上所述，报告认为，助产士应该和父亲们共同努力，鼓励他们参与分娩过程，为伴侣提供支持。这些目标都值得称赞，但到距报告最后期限还有3年的2017年为止，这种愿景依然遥不可及。很可惜，主张并没有带来相应的行动。

> 有一点令我印象深刻。要么别人觉得你们是一对打算生孩子的夫妇，要么他们只看得到母亲。父亲本身是得不到关注的，也找不到支持小组。你在为父亲的角色做准备的时候，得不到任何帮助。
>
> ——约瑟夫（6个月）的父亲约翰

本书中受访父亲们的话清晰地表明，尽管政策制定者的目标是好的，但父亲在母亲怀孕和分娩的过程中依然没有获得应有的地位，许多父亲感觉自己被排除在孩子出生的过程之外。根据我个人的经验，这并不是因为父亲们缺乏站出来承担自身责任的热情，我也不认为应该一股脑地把责任都推给助产士和医护人员。如果父亲们在母亲分娩期间寻求支持，或者主动要求承担某个特定角色，大部分助产士是很愿意提供帮助的。问题在于政策制定者和社会观念。他们头脑中根深蒂固的文化传统使他们抗拒科学提供的证据，对日益高涨的改变的呼声充耳不闻。这一点在英国表现得格外显著，鲍勃的经历印证了这一点，令人感到沮丧。

> 那次流产以后，凯特得到了帮助。我们去了医院，有专人开导了她，还跟她说只要愿意，她任何时候都可以给他们打电话，但是没有人问过我怎么样。说到底，流产是妈妈一个人的事。妈妈会流产，爸爸不会。
>
> ——托比（4岁）和哈里（16个月）的父亲鲍勃

英国国家健康与临床卓越研究所（National Institute for Health and Care Excellence，NICE）在英国国家医疗服务体系（NHS）的框架内为临床护理工作提供咨询并制定相关指南。它于2014年底出版了一本长达88页的女性产期护理指南，详细介绍了分娩全过程中的护理规范，为医护人员如何在临床实践中进行决策提供了指导。如今，越来越多的证据表明，在分娩过程中，如果让父亲参与讨论和决策，产妇和新生儿的健康状况都能得到显著提升。但是，这份厚重的指南中只字未提"爸爸""父亲"或"伴侣"。即使我们忘记了这样的事实——那个一直陪在房间里的准爸爸也有需求，甚至可说是权利，去参与和孩子出生相关的讨论与决策——即使我们只从准妈妈和孩子的角度来看，这也是个明显的疏漏。NICE 声称，他们的指南是以患者为中心的。根据 NHS 的定义，就生产而言，只有产妇和新生儿才属于患者。但是，分娩医疗化的唯一目的就是提高产妇和新生儿的生存率。当一名积极参与并掌握情况的准爸爸作为提高生存率的重要因素之一被排除在外时，我们应该意识到，这种情况是不合理的。准爸爸当然不是医疗护理关注的焦点，但他也不是来探病的人，他的作用不该只是握住准妈妈的手或者帮忙拎包。可以说，他也应该得到关照，他的福祉也应该受到关注。从前面的章节中我们可以清楚地看到，现有证据已经有力地证明，无论从生物、生理还是心理上看，生育对父母双方而言都是改变人生的重大事件，因此，我们能做的至少是呼吁人们给予陪准妈妈生产的准爸爸同等的关注。

> 在女性生产时把她的社会背景，也就是她的家庭纳入考虑，这才是人类做事的正确方式。把孕妇抽离家庭，单独投入医疗机构，这种做法的效果并不好，却成了全球通行的标准。世界各地都在推行这种模式，（而且要改变）它非常困难。这事真是太荒唐了。
>
> ——"家庭参与"（Families Included）组织联合创始人
> 邓肯·费舍尔（Duncan Fisher）

全球通行的过时的产妇护理模式已经与科学研究提供的证据和父母双方的意愿出现了严重的脱节，这就导致在如今许多关于育儿的讨论中，父亲仍然是缺席的。尽管有明确证据表示父亲参与育儿的意愿是强烈的，而且父职参与有利于儿童成长发育和母婴健康，有助于减少针对妇女和女孩的暴力行为，长期看还能促进家庭中和职场上的性别平等，但政策制定者对这一理念的接受仍然是缓慢的。"男性关怀"组织于2015年发布的《全球父亲状况报告》(*The State of the World's Fathers*) 是首个在全球范围内对父亲地位进行评估的报告，讨论了父亲参与育儿的情况以及获得支持和宣传的程度。报告发现，父职参与仍然面临大量阻碍。部分阻碍与经济问题有关，尤其是在较贫穷的国家，但最大的阻碍在我们的观念之中，是父亲面对的社会和文化障碍。很多社会与文化认为，男性应该工作，女性应该顾家，是生物学因素决定了他们不能承担对方的职责。在许多国家，尽管女性在实践中面对的"玻璃天花板"比预想中更难打破，但她们已经开始着手消除职场壁垒，然而男性在改变刻板印象方面的进度远远落后于女性。他们至今仍然无法使大部分人相信，男性也能带孩子。

社会层面的障碍外加当今世界日渐重视个人责任、忽略政府职责的现状，导致社会和医疗服务获得的财政支持缩减，不稳定的雇用形式所占比重上升。因此，尽管大多数男性表示愿意减少工作、多花时间陪孩子——有这种意愿的男性比例在克罗地亚为61%，在智利则达到77%——但在全球范围内的196个国家中，仅有92个国家的男性享有法定产假。在非西方国家，男性在妻子生育期间照常工作的情况仍然是常态而非特例。男性的理想和面临的现实之间存在的差距，很大程度上应该归咎于我们的社会。父亲们经常能亲身体验到两性平等的欠缺及其影响。

就父亲的权利而言,情况有所改善,但是还有很长的路要走。如果克莱尔休完6个月产假之后回去上班,换我休6个月产假,我们在经济上承受不了,因为我们还有房贷之类的要还。但这段时光确实最令人怀念,每件小事都令人难以忘怀。

——弗雷迪(6个月)的父亲迪伦

如果政府真想给予父亲们支持,那么承认他们的重要性和他们参与育儿的需求,通过立法和经济手段给予他们帮助,变化自然会发生。即使在最崇尚个人主义的社会——美国也是如此。

美国是世界上最富有的国家,但在产假福利方面却位列为数不多的"最吝啬国家"阵营。自1993年以来,美国女性每新生或新收养一个孩子就会享有12周无薪假,但具体规定则与工作性质和雇用期限有关,这就意味着并非所有的新妈妈都有这个机会。由于美国政治制度属于联邦制,部分州已经投票取消了一些限制,但仅有3个州通过了相关法律,要求在产假期间由雇主而非政府给予女性经济补助。

不过,对一些雇主来说,在了解商业成功与员工在平衡家庭和工作后感受到的幸福度之间的关联后,他们会主动承担起这一新增的责任。2017年4月,全球性管理咨询公司安永(EY)推出了一项新产假计划,使男女员工首次得以享有相同标准的带薪产假。在美国,这就意味着父亲如今也能享有曾经只限于母亲的长达16周的全薪假。这种企业文化方面的惊人飞跃不仅在安永的美国公司，也在其全球范围内的分公司同步发生。安永表示，在计划实施的第一年，男性员工们平均休了6周带薪产假，其中有82名员工则休满了全部16周。对安永来说，在企业内部推进育儿权平等、为员工提供资金支持并确保所有人无论收入高低均可享有，是件顺理成章的事。作为一家从事服务业的企业，安永知道，员工就是自己的产品，因此它从育儿之旅最初便开始保证员工福利的举措，将能打造出一支心满意足且忠心耿耿的员工团队。

其他企业也开始效仿安永的性别平等模式，但这种做法在很大程度上仍然局限于专业人才市场，毕竟优秀员工的抢手意味着企业必须争相提供更具吸引力的福利待遇。这或将导致延长产假成为少数人而非所有人的特权。虽然在新计划实施后，安永的男性员工平均申请的休假增多了，但是无论经济支持力度大小，仍然只有38%的员工享受了6周以上的产假。为什么会出现这种情况？是因为父亲们虽然口头表示了参与育儿的意愿，却不愿将其付诸行动吗？证据显示，并不是这个原因。但凡父亲能享有专属的带薪产假，申请延长产假的员工比例是惊人的。原因是，安永的员工仍然固守着一种"员工出勤主义"文化，即认为衡量成功的标准是到岗率而非工作成果。尽管如此，在采取重奖励、轻惩罚的方式为男性赋权，帮助他们颠覆传统观念后，父亲对陪伴孩子的渴望是不可抑制的。

2006年1月，加拿大魁北克（Quebec）地区的政府立法规定，父亲可以有条件地享有带薪产假。其后的统计数字显示了这一政策的积极影响。在政策实施的第一年里，魁北克休产假的男性比例提高了250%；产假时长从2周增加到政策规定的上限——5周，涨幅为150%。此外，在假期结束很久后，这些父亲从事家务劳动的比例仍比未休过产假的父亲高出23%。另有研究表明，如果儿子看到父亲参与家务和育儿，他在成年后更有可能效仿父亲的做法。我们综合考虑这两个发现，便能看到一个有望促进性别平等的影响机制。魁北克的情况与加拿大其他未设专门带薪产假的省份的情况形成了鲜明的对比：在这些省份，只有不到1/5的父亲享受了某种形式的带薪产假。

为什么这种不可在伴侣间转移、仅限男性的带薪产假能如此有效地改变父职文化？或许是因为其"父亲专属"的标签能减少上班族对休产假的羞耻感，反而将其变成一种社会期待，使父亲们有勇气要求获得自己的权利。或许是因为如果放弃男性专属的、排他性的福利，父亲会因为没能在子女发育的关键时期陪伴他们而产生负罪感。这些政策配套的经济支持必然也是原因之一。魁北克政府为该计划提供的经济支持最高能占据父亲收入的70%，每周不超过767加元[1]。父亲可以安心地照顾孩子，是因为他们知道，他们付得起家中的账单。

正是这种通过强大的立法和经济手段给予父亲支持的意愿，使魁北克推行的这项政策取得了成功。魁北克采取的这一模式效仿的是挪威和瑞典等北欧国家的成熟做法。在这些国家，"要么休，要么放弃"的产假制度已实施多年。瑞典于1974年首次推出产假制度，规定在父母共享的480天假期中，父亲至少要

---

[1] 约合人民币3,885元。——译者注

休满 90 天，也可以选择休更长时间。据统计，在产假期间，由父亲承担主要育儿任务的时间平均占 25%，也就是 120 天。挪威自 1993 年开始实施 46 周的全薪产假，父亲最多可以休其中的 14 周。在我看来，如果想让口号获得真正的财政支持，真正落实一种促进和支持父亲育儿的产假模式，那么前文中这些从立法和经济层面提供双重支持的计划，是适合包括我自己的国家在内的众多国家效仿的。

在了解准爸爸、父职研究机构和企业方面的态度后，我们这些了解父亲现状的研究者的一个明确共识是，只有和足够的经济支持配套并不可在伴侣间转让的产假才能让父亲们更好地回归家庭、照顾孩子，并为家庭做出更多贡献。父亲参与育儿活动的主要障碍来自经济和文化方面。只有扫清这些障碍，父亲才能更好地维护自己从孩子出生起陪伴他们长大的权利。或许我们也需要后退一步，让演化发挥它的作用，因为所有文化上的包袱不过是累赘而已。我们只要有足够强烈的意愿，就能轻易将其甩掉。与生物演化的力量相比，与创造了人类并选择让父亲也参与育儿的机制相比，文化不过是表象，无论何时都会被强大的生物需求打败。

在历经 10 年努力后，学术研究提供的证据和相关利益集团的游说已经很难影响政策的制定和传播，因此真正的力量在父亲们手中，在于他们对孩子的爱。我们编纂了大量报告，参加了不少会议，在咖啡馆和不少人面谈过，进展却仍然缓慢到令人沮丧的地步。因此，是时候改变策略了。从现在开始，在我们的支持和有力证据的佐证下，父亲们需要拿出行动来，发挥自己的主动性。幸运的是，有迹象表明，当前的新一代父亲在涉及自身角色重要性的话题上，比以往的任何一代都更愿意表达自己的需求和愿望。我在对年轻父亲的采访中了解到，他们更关心自己能给孩子的生命带去什么，身为人父能够拥有什么权利，在向雇主和专业人士表达自己的意见时也更加坚定。近期一项针对1,043名在伦敦金融城（City of London）[1]工作的专业人士的研究发现，在21～35岁的新一代男性中，有40%表示他们对升职到高管级别没有兴趣，反而更希望从事能更好地平衡家庭与职场的工作。

我相信，当下对父亲育儿的关注不会只是一时的风潮，我们很可能正处于一场真正的社会变革之中。我的乐观源于这场变革的一个特点，那就是改变不再是局部的，而是全球性的。如今的社交媒体能让出现在一国境内的观念和知识在数秒内传遍全世界，也能让我们了解其他人是如何突破界限、促成改变的。虽然社交媒体有其弊端，但它们能使我们打破距离、语言和文化的壁垒，一览其他人的生活方式，包括他们是如何做父亲的。在视频网站出现之前，我们并不清楚我们对父亲的某些新观念——比如把会照顾孩子视为男性魅力的一部分——是不是我们独有的。但在今天，搜索"爸爸和宝宝一起跳舞"，你就会看到一群30多岁的父亲把宝宝背在胸前，伴着音乐在学校礼堂中热情起舞的视频，并和世界各地的热情观众一起给他们点赞。如果你想学一些父亲育儿的技能，也可以搜到大量教父亲

---

[1] 大伦敦地区的33个郡之一，面积为2.6平方公里，汇集了大量银行、证券交易所、黄金市场等金融机构。——编者注

给女儿做各种发型的视频。这些视频很高的点击量足以证明大家是多么渴望学会做一名全心全意、亲力亲为的父亲。

> 无论他们的身份是生父、继父、养父还是法定监护人，是兄弟、叔伯还是祖父或外祖父，无论他们是否与孩子同住，男人和男孩们只要日常参与这种照料他人的活动，都会对孩子、母亲和父亲的生活以及他们周边的世界产生深远的影响。
> ——"男性关怀"组织发表于2015年的
> 《全球父亲状况报告》

父职行为将不断发生变化，这也是父亲这一角色的特点之一。目前，我们主要致力于创造一个能让父亲真正投入育儿活动的环境。但在未来几年人类又会遭遇什么样的问题，没有人知道。事实上，我们似乎生活在一个颇不稳定的时期，什么都可能发生，甚至可能严重到使我们无暇顾及父职这一话题。但愿这样的情况不会出现。我希望随着我们的了解不断深入，男性参与育儿的意愿日渐增强，加上社交媒体将信息传播到世界各地的力度逐渐增大，无论将来会遇到什么，我们都将朝着目标继续前进。我们的目标其实很简单：我们要认识到，无论是从个人生活还是社会运作的角度看，父亲对我们都非常重要；我们需要创造一个环境，让父亲们可以自由地承担其不断变化的职责；我们要让父亲去保护和教导孩子，在玩闹中逗得孩子气喘吁吁。这些就是我们的目标。

后　记

　　我的介绍在此告一段落。围绕着当今父亲的全部话题，我已经把从科学研究角度了解的一切都告诉你了。你从中了解了什么呢？你了解到，在50万年的演化过程中，无论外界环境如何，父亲始终在利用自身角色无尽的灵活性来确保自己实现保护和教导后代这两个目标。你了解到，父亲的角色是由社会和生物学层面的多重力量共同塑造的，这也是为父之道千差万别的原因。但在无数迥异的父亲体内，却存在着同一种促使他们参与育儿、为孩子投入精力的奇妙的化学物质。它与大脑中出现的重大变化共同作用，使做父亲的体验像做母亲的一样，同时在生理和心理两个层面上发生。你了解到，想要孩子健康长大，父亲是育儿团队里至关重要、不可或缺的成员，但其身份不受血缘关系束缚：谁来履行父职，谁就能发挥父亲的作用。你了解到，尽职的父亲不是母亲的男性翻版，而是要以自己独特的方式履行职责，重点在于如何帮助孩子为进入外部世界做好准备。你了解到，父亲肩上的责任是无尽的。在幼儿社交技能和青少年心理复原力的培养中，他都发挥着至关重要的作用。

　　在本书开头，我曾提到我有3个主要目标。第一个是让人们把焦点从长期以来充斥在文章标题和研究成果中的所谓的

"甩手掌柜式"父亲转向陪伴孩子成长的父亲，好在后一类父亲才是大多数。他们会给孩子讲睡前故事，准备第二天要带的午饭，还找得到那只总是失踪的校服袜子。我希望纠正关于父亲的讨论中的一些误解，因为我相信，父亲的实际情况与我们想象中有很大不同。无论是否与孩子有血缘关系，是否和孩子同住，甚至是否与其他男性分担父亲职责，他们都是特殊的、独特的。他们从生理和心理两个层面上履行父职，他们非常灵活，他们拓宽孩子的成长边界，他们照料孩子，而且在绝大多数情况下，他们是陪伴孩子成长的。

我的第二个目标是希望通过我和学术界同仁的研究，告诉准父亲、新手父亲和经验丰富的父亲们，他们关于孩子的那些想法、感受和经历都是正常的。我希望找出他们感到压力或面对困难的时刻，突出他们共通的感受或者想法，介绍能给予他们帮助的生物学机制，并告诉他们，世上并不存在所谓正确的为父之道，是演化将你塑造为如今最适合抚养你的孩子的父亲。此外，我希望父亲可以尽情和孩子玩闹，无论这种活动表面看起来多么幼稚无聊，因为他们已经明白，这个过程在孩子的成长中发挥着关键作用。

我的最后一个目标是在社会层面上唤起更多人的思考。父亲在世界各地的文化中都是一个不可或缺的概念，但与母亲相比，我们对父亲了解甚少。然而，我们每一个人要么身为人父，要么是父亲的孩子，即便与自己的父亲不存在血缘关系，我们也的确应该对父亲有更多的了解。作为父亲，作为家庭中的一员，父亲能对社会产生单独的影响，能做出影响社会中每一个人的贡献,因此,他们需要我们的认可、接纳和支持。

如今,你已经读完这本书,我需要你来帮我传播关于父亲的正确认知。在我与父亲们一同工作的过去 10 年里,发生了太多变化,其中大部分源自男性自身。他们坚持自己的需求,主张自己的权利,渴望参与到育儿过程中。但是,要做的事情还有很多。科学研究成果就在那里,我们只需要鼓励我们的社会迎头赶上。因此,请将你了解到的新知识传播出去。如果你是一名父亲,请为自己感到自豪。你是 50 万年演化过程的神奇顶点,因为至关重要的作用而被自然选择。但不要因为这是我说的话而相信。相信真正的专家——4 岁的约瑟夫和 2 岁的利奥的父亲约翰吧。

要有信心,你会发挥重要的作用。不要妄自菲薄。做爸爸是个了不起的机会,是个了不起的责任。去抓住它吧。

我想不出比这更有力量的话了。

致　谢

首先，我要感谢我的经纪人，费利西蒂·布莱恩经纪公司的莎莉·霍洛维。是她在枯燥至极的学术手稿中捕捉到机遇，指导我开始尝试科普写作，并在本书写作期间不断给我帮助和建议。其次，我要感谢我的编辑，西蒙与舒斯特出版公司的克劳迪娅·康纳尔，感谢她的耐心指导和出色的编辑水平。她十分擅长捕捉空泛的理论叙述，时刻提醒我紧扣主题。另外，我要向我在牛津大学的上司罗宾·邓巴教授表达无尽的感激。他是一名启迪人心的科学家和作家，我的整个学术生涯都离不开他的支持，也是他允许我在本该做其他工作的时候挤出精力研究"父亲"。我还必须感谢我的研究团队、牛津大学实验心理学系的社会与演化神经科学研究小组，他们的讨论对我有很大的帮助。我还要特别感谢艾莉·皮尔斯博士阅读了本书前几章，并提供了一些建议。此外，我还要感谢英国国家生育基金会（National Childbirth Trust），尤其是弗兰·希尔和珍妮·巴雷特，感谢她们帮我招募了参与研究的父亲，并对我的研究设计提出了建议。感谢资助我的英国国家学术院（British Academy），是他们支持了我的第一项研究，使我走上了父亲研究的道路。我还要感谢我的朋友，感谢他们总是关心研究进展，并在我遇到困难时端来红茶和蛋糕，尤其是我最好的朋友菲奥娜，她在许多次跨大西洋飞行的航班上阅读了本书前几章的草稿，并告诉我她很喜欢。感谢我的同事穆斯、贝尔和山姆，他们虽然不会说话，却从不吝于用流口水和拥抱的方式表达感情。感谢我的所有家人，尤其是我的父母，是他们让我相信学习是一件乐事，也是他们在情感甚至常常在经济上支持我。他们也是一对了不起的祖父母。正是由于他们帮助我照顾孩子，我才能重返工作岗位，继续我的研究。他们还充当了我的小白鼠，成为我许多论文和书稿的第一批读者。希望本书能比博士论文通俗易懂一些。我还要感谢我美丽的继女莉迪亚和我可爱的女儿赫柏和凯蒂。在我的世界里，她们是中心。感谢我的丈夫朱利安。作为本书的灵感来源，他始终给予我最大的爱与支持。谢谢你。

参考资源

父职研究机构与支持性组织

父职研究所

总部位于英国的智库,致力于学术研究、政策游说、研究整合,并与家庭和各类机构合作。

"为了孩子"父职研究所

总部位于澳大利亚的机构,为父亲提供信息、培训和支持。

"为人父"项目

总部位于澳大利亚,致力于激励并帮助父亲和承担父职的男性与孩子培养感情。

"父亲与孩子"

总部位于新西兰,旨在提供信息和支持,以帮助男性尽可能高效、投入地完成育儿任务。

"欧洲父亲平台"

一个由 16 个欧洲国家的 25 个机构组成的伞形组织,致力于在欧洲议会(European Parliament)中为父亲争取权益,促进父亲对育儿活动的参与。

牛津亲子项目

总部位于英国,提供治疗服务,旨在帮助父母与子女建立健康、充满关爱的关系。

北安普敦亲子合作计划

总部位于英国,提供治疗服务,旨在帮助父母与子女建立健康、充满关爱的关系。

安娜·弗洛伊德国家儿童与家庭中心

总部位于英国的慈善机构,专注儿童心理健康。该机构的亲子项目会为面对各种困难或难以建立健康亲子关系的父母提供干预治疗。

"家庭需要父亲"

总部位于英国的慈善机构,帮助因为离婚、分居等情况和孩子分住的父母保持与孩子的联系。

"孩子需要父亲"

总部位于新西兰,致力于支持父亲并宣传培养父子情感纽带的重要性。

"家庭参与"
致力于帮助父亲维护孕产妇和新生儿健康的全球性组织。

"父亲信息"
据称是欧洲最大的提供父职相关信息与支持的网站。

"一国之父"
总部位于南非,旨在提供帮助准父亲做好育儿准备的社区性项目。

"父亲团体"
总部位于澳大利亚的社交网站,旨在帮助本地的父亲们建立互助小组,取得联系。

"全球父职"
收录全球父职领域学术研究成果的网站。

"父亲之家"
总部位于英国,旨在为育儿的单亲爸爸提供帮助。

"顾家的父亲"
总部位于南非的机构,由一群父亲创立,旨在支持并帮助父亲参与家庭事务。

"苏格兰父亲网络"

从事研究,提供信息、建议并组织相关活动的苏格兰组织,旨在为各行各业的父亲提供支持。

英国国家生育基金会

总部位于英国的宣传与教育型慈善组织,为新手父母提供建议、支持和培训。重点关注时段为孩子出生后 1,000 天。

"狮子理发师联盟"

国际性理发师联盟,其成员接受过专业训练,旨在为出现产后抑郁、焦虑和创伤后应激障碍等心理健康问题的男性提供倾诉渠道与帮助。加入这一联盟的理发师会在橱窗上展示该联盟标志。

播客与博客

"普通父亲"

由加拿大人托尼·莫罗(Tony Morrow)创立。由父亲创立、为父亲服务、传播父亲相关信息的博客。

"焕然一新的父亲"
一名新手父亲讲述自己初为人父的经历的博客和播客。

"奶爸播客"
每期节目时长 70 分钟、分享身为父亲的思考和建议的播客。由两位自诩"超级奶爸"的主播讲述。

"爸爸生活秀"
专门采访做父亲的名人的网站,附有播客。

"好爸爸"项目
为父亲争取权益、提供交流平台的播客,旨在打破父亲育儿活动中的常见挑战,让父亲更好地理解育儿技巧,从而不再感到孤立无援。

"胡子爸爸"
两名英国父亲谈论父亲们感兴趣的话题的播客。

"现代爸爸"
展示纽约父亲的真实生活,讲述育儿体验和为父之道的播客。

"简单男性生存指南"
诙谐地讲述美国中西部中年父亲生活的播客。

"双胞胎爸爸指南"
专为双胞胎和多胞胎的父亲开设的播客。

"极客爸爸"
做爸爸和新技术,你更喜欢哪一样?

"父亲国度"
父亲讲述育儿经历、提供改善建议的播客。

"做爸爸"
由喜剧演员贾斯汀·沃舍姆(Justin Worsham)主持的播客,兼具娱乐性和信息量,有家庭心理学家常驻。

Copyright © Anna Machin, 2018
This edition arranged with Felicity Bryan Associates Ltd.
Through Andrew Nurnberg Associates International Limited

本书中文简体版权归属于银杏树下（北京）图书有限责任公司。
著作权合同登记图字：22-2022-133号

图书在版编目（CIP）数据

爸爸50万岁：男性育儿如何演化至今 / (英) 安娜·梅钦著；张祎译. — 贵阳：贵州人民出版社, 2023.10
ISBN 978-7-221-17475-8

Ⅰ.①爸⋯ Ⅱ.①安⋯ ②张⋯ Ⅲ.①父亲—角色理论—研究 Ⅳ.①C913.11

中国版本图书馆CIP数据核字(2022)第211599号

BABA 50WAN SUI：NANXING YUER RUHE YANHUA ZHIJIN
爸爸50万岁：男性育儿如何演化至今

[英] 安娜·梅钦 著　张祎 译

出 版 人：朱文迅	选题策划：后浪出版公司
出版统筹：吴兴元	编辑统筹：王　頔
策划编辑：王潇潇	特约编辑：刘昱含
责任编辑：张　黎	责任印制：常会杰

装帧设计：墨白空间·张萌｜mobai@hinabook.com
出版发行：贵州出版集团　贵州人民出版社
地　　址：贵阳市观山湖区会展东路SOHO办公区A座
印　　刷：天津中印联印务有限公司
经　　销：全国新华书店
版　　次：2023年10月第1版
印　　次：2023年10月第1次印刷
开　　本：880毫米×1194毫米　1/32
印　　张：8.5
字　　数：184千字
书　　号：ISBN 978-7-221-17475-8
定　　价：56.00元

后浪出版咨询(北京)有限责任公司　版权所有，侵权必究
投诉信箱：editor@hinabook.com　fawu@hinabook.com
未经许可，不得以任何方式复制或者抄袭本书部分或全部内容
本书若有印、装质量问题，请与本公司联系调换，电话010-64072833

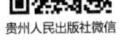